Paul W. Munzinger

Tauchreiseführer Karibik

Paul W. Munzinger

Tauchreiseführer Karibik

Tauchregionen

Tiere und Pflanzen, Reisetips

Naturbuch Verlag

Die Deutsche Bibliothek – CIP-Einheitsaufnahme

Munzinger, Paul W.:
Tauchreiseführer Karibik : Tauchregionen, Tiere und Pflanzen, Reisetips /
Paul W. Munzinger. – Augsburg : Naturbuch-Verl., 1996

ISBN 3-89440-206-7
NE: HST

Gedruckt auf chlorfrei gebleichtem Papier.

Naturbuch Verlag

Illustration: Anna Aizenchtat, Augsburg
Satz und Layout: Gesetzt aus 9/11 P. Stone Sans von
Vera Faßbender, Naturbuch Verlag, Augsburg
Umschlaggestaltung: Parzhuber & Partner, München
Umschlagfotos: Erhardt (vorne, hinten oben), Jeske (hinten unten),
Hecker (vordere Innenklappe), Kefrig (hintere Innenklappe)
Reproduktionen: Colorline, I-Verona
Druck und Bindung: Interdruck, Graphischer Großbetrieb GmbH
Printed in Germany

ISBN 3-89440-206-7

Inhaltsverzeichnis

Einleitung

Kaum ein anderes Reiseziel dieser Welt hat man mit derartig vielen positiven Superlativen versehen wie die Karibik. Sie ist das Traumziel schlechthin, die Summe unserer Sehnsucht – und das Schöne an den Inseln über und unter dem Wind ist, daß unsere Träume und Sehnsüchte von ihnen weder mißbraucht noch enttäuscht werden.

Dies gilt auch – oder besonders – für uns Taucher. Was lag also näher, als einen Tauchreiseführer über diese Weltgegend herauszugeben. Mit diesem Entschluß fingen jedoch auch schon unsere »Schwierigkeiten« an – im positiven Sinne gemeint. Die Ideen und Einflüsse strömten nur so. Zu viele, um sie in einem Buch dieses Umfangs verarbeiten zu können. Welche Inseln, welche Tauchplätze rund um und im Mexikanischen Golf sollten wir wählen? Trinidad, Curaçao, Jamaika, Belize und die Dominikanische Republik? Lange und leidenschaftlich wurde diskutiert. Schließlich einigten wir uns darauf, die Fülle des Angebotes zu teilen und uns zunächst auf die »westliche« Karibik zu beschränken.

Schnallen Sie also Ihre Sitzgurte fest, stellen Sie Ihre Rückenlehnen senkrecht! Wir starten nach Aruba, Bonaire und Curaçao, zu den Bahamas, nach Belize, Honduras, Kuba und Mexiko – ins Paradies der westlich gelegenen Karibikinseln.

Übrigens: Wer in der Karibik nur taucht, der ist selbst schuld. Denn in keinem anderen Tauchparadies dieser Erde kann man neben unserem schönen Hobby so viel anderes unternehmen. In diesem Sinne: Viel Spaß beim Lesen und unvergeßliche Tage!

Palmen, weiße Strände und türkisfarbenes Wasser – das Urlaubsparadies schlechthin!

Allgemeines zum Reisegebiet

Karibische Geschichte: Wechselhafte und blutige Zeiten

Die Entdeckung der »Neuen Welt« im Jahre 1492 bedeutete für Europa den Beginn einer neuen Epoche.
Am 12.10.1492 betritt die »Neue Welt« die Bühne der Weltgeschichte. Dies ist vor allem einem Mann zuzuschreiben: Christoph Kolumbus. Kolumbus wurde irgendwann zwischen 1446 und 1451 in Genua geboren. In die Geschichte ging er als »Seefahrer und Entdecker« ein.
Heute muß man das Bild des großen Entdeckers allerdings etwas relativieren und einer differenzierteren Betrachtungsweise unterziehen. Neue Forschungen belegen, daß Kolumbus vielmehr ein Abenteurer und Außenseiter war. Gutbürgerliche Menschen fuhren in jener Zeit nicht zur See, sondern kümmerten sich um ihre Geschäfte und ihre Karriere. Eben erst hat sich die Erkenntnis durchgesetzt, daß die Erde keine Scheibe, sondern vielmehr eine Kugel ist. Noch kämpft die Kirche erbittert gegen dieses neue Weltbild. Für die Seefahrer jener Zeit wurde aber klar: Arabien und Indien, damals im Vergleich zu Europa reiche Länder und lebenswichtige Märkte, müßten dann auch über Westen zu erreichen sein. Dies wäre eine Möglichkeit, sich den langen und gefährlichen Weg um das südafrikanische Kap der Guten Hoffnung herum zu sparen (der Suezkanal wurde erst in der Neuzeit gebaut).
Kolumbus geht mit seinem Plan, den neuen Seeweg nach Indien zu finden, an den Königshof nach Lissabon. Der portugiesische König weist ihn aber ab. Doch Kolumbus gibt nicht auf. Am spanischen Königshof findet er schließlich Gehör. Isabella und Ferdinand II. können sich für seinen Plan erwärmen. Sie versprechen ihm zudem den Titel eines Vizekönigs und ein Zehntel der zu erwartenden Handelsgewinne der zu entdeckenden Gebiete. Am 3.8.1492 segelt Kolumbus schließlich mit drei Schiffen und 88 Mann Besatzung gen Westen. Nach rund dreimonatiger Fahrt landet er am 12.10. auf einer der Bahamainseln, von den Eingeborenen Guanahani genannt. Hier legt er erst einmal eine Pause ein und bestückt seine Schiffe mit neuen Süßwasser- und Nahrungsmittelvorräten. Heutzutage kann man die Tragweite dieser Begebenheit kaum ermessen. Zwei Welten, zwei Kulturen prallen aufeinander. Die Spanier sind nach wie vor überzeugt, Indien erreicht zu haben und ahnen noch nichts von der Küste des amerikanischen Kontinents und der Vielzahl der hier lebenden Völker, allen voran die Hochkulturen der Maya, Azteken und im Süden der Inka.
Die Ureinwohner verhalten sich den Fremden gegenüber freundlich. Sie staunen über die »schwimmenden Berge«, auf denen merkwürdige hellhäutige, übelriechende und bärtige Wesen hausen. Erst später sollten sie merken, wozu die Eindringlinge in der Lage waren. Erst Jahre danach sollte der Papst in Rom ein Edikt erlassen, das die Bewoh-

Oben:
Niederländischer Baustil in Willemstad, Curaçao. Das Zentrum der Inselmetropole ist von Gebäuden niederländischen Stils geprägt

Unten:
Arm und reich liegen oft nah beieinander. Nur wenige Kilometer von der Inselhauptstadt entfernt liegt diese primitive Behausung

ner Amerikas zu Menschen erklärt. Dies war in der Tat für die damalige Welt nicht selbstverständlich, da in der Bibel kein Wort über die Indianer zu finden war. Greueltaten zu Beginn der Konquista konnten so leicht entschuldigt werden - schließlich hat es sich ja um wilde Tiere gehandelt.
Am 27.10.1492 geht die Fahrt weiter, und Kolumbus stößt auf das heutige Kuba, am 6.12. landet er auf Haiti. Dort

gründet er die erste Niederlassung in der Neuen Welt, La Navidad. Am 4.1.1493 tritt er die Rückfahrt an.

Bei seiner Rückkehr nach Spanien bereitet man ihm einen triumphalen Empfang. Bald schon ist eine neue Expedition ausgerüstet. Noch im selben Jahr startet er mit 17 Schiffen und 1 200 Mann erneut nach Westen. Am 3.11.1493 entdeckt Kolumbus Dominika. Er segelt weiter nach Guadeloupe, Montserrat und Puerto Rico. Dann besucht er das vor einem Jahr gegründete La Navidad und findet es zerstört vor. Auch die 43 Mann, die er damals zurückgelassen hat, sind nicht mehr am Leben. Sein großer Irrtum war, daß er Kuba für das indische Festland hielt. Zwar segelte er noch nach Süden und entdeckte Jamaika und auf einer dritten Expedition das südamerikanische Festland. Doch auf den Gedanken, eine völlig neue Welt entdeckt zu haben, kamen weder Kolumbus selbst noch die Geographen jener Zeit.

Ein neues Zeitalter bricht an

Kolumbus leitete mit seinen Fahrten in die Karibik das Zeitalter der großen neuen Entdeckungen ein. Auch die Geschichtsschreiber machen hier eine Zäsur in der Weltgeschichte. Das Mittelalter ist zu Ende, die Neuzeit beginnt. Für die Spanier, die Portugiesen, die Franzosen und Engländer startet die Neuzeit glanzvoll. Sie beuten die neu

Auch der kulturinteressierte Besucher kommt in der Karibik auf seine Kosten. Unser Bild zeigt den Mayatempel Altun Ha – in Belize

Die Geschichte hinterläßt ihre Spuren: Die Nachfahren der Plantagenarbeiter, Indios, Europäer, Mestizen und Mulatten ergeben ein gemischtes Bild, auf dem alle Hautfarben vertreten sind

entdeckten Länder im Westen skrupellos aus. Für die Menschen der Neuen Welt hat die Entdeckung verheerende Folgen. Innerhalb von nur einer Generation werden die Ureinwohner der Karibik nahezu ausgerottet. Auf den großen Antillen lebten die friedlichen Arawacken. Die spanischen Eroberer löschten sie in nur wenigen Jahren vollkommen aus. Auf den kleinen Antillen lebten die Stämme der Kariben. Auch sie sind bald nicht mehr existent. Heute leben nur noch wenige ihrer Nachfahren in Reservaten auf Dominika, in Panama und Honduras. Doch erst jetzt beginnt man zu begreifen, daß man nicht in Indien gelandet war, sondern einen neuen Kontinent entdeckt hatte. Kolumbus selbst erfuhr nichts mehr von seinem Lebenswerk, er war inzwischen verstorben. Der neue Kontinent erhält den Namen Amerika nach dem italienischen Kartographen Amerigo Vespucci. Als Relikt des Irrtums der damaligen Zeit wird die Karibik noch heute »Westindien« genannt und die Einwohner des neuen Kontinents heißen noch heute Indianer.

150 Jahre lang besetzen die Spanier die Karibik, selbstverständlich argwöhnisch und neidisch beäugt von anderen europäischen Kolonialmächten wie England und Frankreich. Um weitere Konkurrenten abzulenken, werden in Europa größere und kleinere Kriege angezettelt. Deutschland und Rußland verschlafen so die Verteilung der neuen Welt.

Schnell stellte sich aber heraus, daß die Karibik nicht die erhofften Reichtümer liefern wird. Kuba, Jamaika und andere Inseln dienen deswegen nur noch als Zwischenstationen für Goldtransporte vom Festland nach Europa. Die Ausbeutung der sagenhaft reichen Azteken Mexikos und der Inka in Peru zieht rasch anderes Gesindel an: Piraten machen die Karibik unsicher. Sie überfallen die Schatzschiffe der spanischen Krone auf dem Rückweg nach Europa. Manche Ladung, die eigentlich für den spanischen König bestimmt ist, landet so in anderen Händen. Viele Schatzschiffe werden versenkt. Immerhin Stoff, für ein ganzes Filmgenre, den beliebten Piratenfilmen. Die Realtät muß man sich wohl um einiges grausamer und bitterer vorstellen.

Diese Geschichte macht auch heute noch den Reiz der karibischen Tauchgründe aus. Die Schatzsuche wird aber inzwischen nur noch professionell betrieben. Zufallsfunde gibt es längst keine mehr. Bergungsfirmen haben sich auf das gewerbliche Schatzsuchen spezialisiert. Zunächst wird in Archiven nach verschollen Schiffen gefahndet. Ist das Gebiet einmal lokalisiert, in dem das Schiff gesunken ist, wird gezielt gesucht. Amateure haben keine Chance mehr, denn die Schatzsuche ist eine teure Angelegenheit. Oft rechnet sich später, sollte man tatsächlich fündig werden, der Aufwand nicht und die Kosten übersteigen bei weitem den Wert der Funde.

Alt–Havanna: Ein Stadtbummel öffnet interessante Einblicke in den Glanz vergangener Tage. Hier ein Teil der Festung aus dem 16. Jahrhundert

Wie überall im karibischen Raum finden wir auch auf Kuba eine ausgeprägte »Begräbniskultur« vor. Dieser prächtige Friedhof in Havanna zeugt davon

Zuckerrohr und Sklavenhandel

Zuckerrohr war den Europäern schon lange aus dem asiatischen Raum bekannt. Doch erst im 17. Jahrhundert kam man auf den Gedanken, Zuckerrohrplantagen auch in der Karibik anzulegen. Es waren die Holländer, die zum erstenmal den Versuch starteten. Da die Urbevölkerung bereits so gut wie ausgerottet war oder in den Goldminen des Festlandes Zwangsarbeit leisten mußte, bestand ein hoher Bedarf an Arbeitskräften. Als Begleiterscheinung der überall aufkommenden Zuckerrohrplantagen kam deshalb auch das zweifelhafte Gewerbe des Sklavenhandels in Schwung. Große Teile der afrikanischen Urbevölkerung wurden damals aus ihrer Heimat verschleppt, um auf den Plantagen der Neuen Welt als Sklaven zu arbeiten.

Schon gegen Ende des 17. Jahrhunderts wurde der Zuckerrohranbau bereits im großen Stil betrieben. Längst waren die kleinen Bauern von ihren Ländereien vertrieben, rücksichtslose Großgrundbesitzer hatten inzwischen das Sagen. Die immer größeren Plantagen verlangten aber nach immer mehr Arbeitskräften. Hinzu kam, daß die Plantagensklaven »starben wie die Fliegen«. Die Umstände, unter denen sie hausen mußten, sind für heutige Zeiten unvorstellbar. Man vermutet, daß etwa sechs Millionen Menschen aus ihrer afrikanischen Heimat verschleppt worden sind um in der Neuen Welt zur Arbeit gepresst zu werden und den Reichtum der Alten Welt zu mehren.

Gegen Ende des 18. Jahrhunderts verbesserten sich die Zustände allmählich. In der Alten Welt brannten die Königshäuser! Die Französische Revolution entzündete 1789 in ganz Europa einen Flächenbrand und auch in England, Spanien, Portugal und Deutschland hielt die Aufklärung Einzug. Die Chance für die Sklaven der Karibik! In der Tat nutzte man sie. Es waren die Sklaven Haitis, die sich erstmalig gegen ihre Peiniger erhoben. Im Jahr 1804 wurde hier die »Erste unabhängige Negerrepublik« ausgerufen. Nun brachen die Dämme. Dänemark verbot als erstes europäisches Land den Besitz von Sklaven sowie den Handel mit ihnen. England und Frankreich folgten dem Beispiel.

Doch nun begann der wirtschaftliche Abstieg der Region, denn plötzlich mußten die bisher unentgeltlichen Arbeitskräfte bezahlt werden. Zusätzlich stagnierte der Handel mit Zuckkerrohr. Zwischenzeitlich wußte man in Europa den begehrten Stoff nämlich aus Zuckerrüben zu gewinnen. Lediglich auf Kuba änderte sich bis auf weiteres nichts an den Lebensbedingungen für die Sklaven. Hier wurde die Sklaverei erst viel später, im Jahr 1880 abgeschafft.

Kunsthandwek auf den Bahamas: Die Touristen kaufen gerne und bezahlen in harten Dollars. Mit dem Dollar kann übrigens überall auf der Insel bezahlt werden, obwohl die meisten Inselstaaten auch eine eigene Währungen haben, gilt er doch als inoffizielle Landeswährung

Die karibische Musik ist stark von den Rhythmen Afrikas geprägt. Die ehemaligen Sklaven brachten die eingängigen Melodien vom schwarzen Kontinent mit

Einflüsse der USA

Heute spielen die wirtschaftlichen Grundlagen von damals nur noch eine untergeordnete Rolle, denn in der Zwischenzeit hatte sich eine andere, lukrative Geldquelle aufgetan: der Tourismus. Erste Ausflüge in die paradiesische Inselwelt der Karibik – nur zum Vergnügen – sind bereits gegen Ende des 19. Jahrhunderts in Mode. In Havanna entstehen prächtige Luxushotels. Bis zum Ausmaß des heutigen Karibiktourismus war es aber noch ein weiter Weg.

Die alten Kolonialmächte hatten sich zurückgezogen und hinterließen in der zur Unselbständigkeit erzogenen Bevölkerung der Inseln ein Machtvakuum, auf das nun andere Länder ein begehrliches Auge warfen: die Supermächte USA und die damalige UdSSR. Kuba wandte sich als einziges Land dem Osten zu, der Rest dem Westen. Doch auch dieser »Rest« ist in sich uneins und oft zerstritten. Die enormen sozialen Probleme, ein Vermächtnis der Kolonialzeit, beinhalten genügend Sprengstoff und entladen sich immer wieder – bis in die heutige Zeit. Haiti und Grenada sind aktuelle Beispiele. Doch langsam, mit dem steigenden Wohlstand aus dem Tourismusgeschäft, beruhigt sich die Region. Man darf gespannt und optimistisch auf das 21. Jahrhundert warten.

Mit der Entdeckung der Neuen Welt durch Christoph Kolumbus (Colón) hielt auch der Katholizismus Einzug. Zahlreiche Kirchen, hier die Kirche in Willemstad, zeugen davon

Die politische Situation heute

Da die karibischen Inseln über lange Zeit kolonialbesetzte Länder waren, ist auch noch heute der Einfluß der ehemaligen Kolonialmächte Niederlande, Spanien, Frankreich und England im politischen und täglichen Leben zu spüren. Obwohl die Inseln alle westlich orientiert sind, trifft der Tourist in der Bevölkerung noch immer auf einen Rest von Mißtrauen, der ihm als Angehöriger einer ehemaligen Kolonialmacht entgegengebracht wird. Zu tief sind die Wunden, die damals geschlagen wurden. Doch wer den Einwohnern der Inseln offen und freundlich begegnet, wird mit Freundlichkeit und Gastfreundschaft belohnt.

Natürlich haben die Einwohner längst den für die Region mittlerweile unverzichtbaren Wirtschaftsfaktor Tourismus erkannt, und die zahlungskräftigen Feriengäste aus dem winterlichen Europa oder den Vereinigten Staaten stellen inzwischen den wichtigsten Einkommensfaktor dar. Zahllose Hotels und der ständige Ausbau der touristischen Infrastruktur zeugen davon.

Die Bahamas unterstanden bis vor kurzem noch der Britischen Krone. Im Jahr 1964 konstituierten sie ihre erste autonome Regierung, 1973 traten sie mit einem Festtag in die Unabhängigkeit, blieben aber Mitglied des Commonwealth. Erst viel später, nämlich am 1. Januar 1986, wurde Aruba autonom. Vor dem Eintritt in die Unabhängigkeit stand es in einer lockeren Verbindung mit dem sogenannten Niederländischen Antillenverbund. Zu diesem Verbund zählten Bonaire, Curaçao, St. Eustatius, St. Maarten und Saba.

Auf den ABC-Inseln ist der Einfluß der ehemaligen Kolonialmacht Niederlande noch heute allgegenwärtig. Hier verfügt man über das annähernd gleiche Recht- und Verwaltungssystem wie im ehemaligen »Mutterland«. Über die Niederlande haben die ABC–Inseln auch Zugriff auf Teile des Entwicklungshilfe-Budgets der Europäischen Union. Obwohl Aruba den Verband der Niederländischen Antilleninseln verlassen hat, wurde diese Besonderheit beibehalten.

Aktive Vollmitglieder im Niederländischen Antillenverbund sind hingegen die beiden Nachbarinseln Bonaire und Curaçao. In Willemstad macht sich dies auch rein äußerlich bemerkbar: Die Stadt ist architektonisch noch weitgehend vom Baustil Hollands geprägt.

Wunderschöne Giebelhäuser lassen beim Betrachter den Eindruck entstehen, als befinde er sich in Amsterdam und nicht etwa auf einer tropischen Insel in der Nähe des Äquators.
Politisch gesehen sind die Inselstaaten der westlichen Karibik heute durchweg angesehene Mitglieder der Weltgemeinschaft. Da die Region von Amerika gesteuert wird, versteht es sich von selbst, daß nur ein «schwarzes Schaf« darunter ist: das kommunistische Kuba.

Steuerparadiese

Während die ABC-Inseln von Kolumbus auf seinen ersten Fahrten noch übersehen wurden, stieß er während seiner vierten und letzten Fahrt in die Neue Welt auf die Cayman-Inseln. Doch auch hierbei dürfte es sich wohl eher um einen zufällige Entdeckung als um planerisches Vorgehen gehandelt haben.
Um die Cayman-Inseln entbrannte Jahre später ein heftiger Streit zwischen England und Spanien. 1670 wurden die Inseln durch den sogenannten Vertrag von Madrid jedoch endgültig der britischen Krone zugesprochen. Trotz der ständigen Reibereien mit dem englischen Königshaus entschlossen sich 1962 die Verantwortlichen der Caymans, auch weiterhin unter britischer Oberhoheit zu bleiben.
Neben den faszinierenden Tauchgründen rund um die Caymans hat dieser Inselstaat vor allem eines zu bieten: Steuerfreiheit! So kommt es, daß viele westliche Firmen auf den Caymans Briefkasten-Firmen unterhalten, um sich hierzulande die hohen Steuern zu sparen. Den Ruf des Steuerparadieses versuchen zwischenzeitlich übrigens auch Bonaire und Curaçao für sich zu beanspruchen, denn auch auf diesen beiden Inseln ist der Steuersatz vernachlässigbar klein. Auf Curaçao beispielsweise fallen nur fünf Prozent des Einkommens der Steuer anheim. Verglichen mit den 52 %, die ein Spitzenverdiener in Deutschland bezahlt, noch immer ein verlockend niedriger Satz. In der Tat finden wir in Willemstad viele Bürohäuser, an deren Pforten die Schilder und Firmenlogos großer europäischer Firmen prangen. Wie viele Dollar-Millionen sich in der Karibik »versteckt halten«, kann allerdings nur grob geschätzt werden. Sicher ist eines: Die politischen Strukturen der verschiedenen Länder dürften als weitgehend stabil betrachtet werden, warum sonst sollten seriöse Firmen auch auf den Gedanken kommen, Geld in diesen Winkel der Welt zu transferieren.

Barocke Formen nahe dem Äquator. Spanien prägte auch den Baustil, zumindest auf seinen Besitzungen, weitgehend mit. Hier der Dom von Havanna

Was kommt nach Castro?

Der politische Außenseiter unter den Ländern der westlichen Karibik ist zweifel-los Kuba. Auch nach dem Zusammenbruch des europäischen Kommunismus verfolgt man auf Kuba weiterhin unbeirrt den Kommunismus der Marxschen Prägung. Castro verweist seine Landsleute immer wieder auf Negativbeispiele aus der nächsten Umgebung. In der Tat sind die Vermögensverhältnisse auf den Bahamas oder den Caymans durchaus im völligen Ungleichgewicht, das Kapital liegt in den Händen einiger weniger Investoren. Die breite Bevölkerung partizipiert an diesem Reichtum nur ganz beschränkt oder gar nicht. Zwar werden beispielsweise durch Hotelneubauten und die Gründung von Banken zahlreiche neue Arbeitsplätze geschaffen, doch sind diese Tätigkeiten nur gering dotiert. So beträgt das Monatsgehalt eines Zimmermädchen auf Bonaire umgerechnet 200,– bis 400,– DM. Wenn die Familie keine Not leiden soll und für ihren Unterhalt aufkommen will, muß jedes Mitglied zusätzlich mit zum Unterhalt beitragen.

Fidel Castro kam am 1. Januar 1959 an die Macht. Sofort wandte er sich in dem Bestreben von der ehemaligen Schutzmacht USA ab, mit der damaligen Sowjetunion zu kooperieren. Die Folge war die berühmte »Kuba-Krise«. Es handelte sich dabei um die erste ernsthafte Bedrohung des Weltfriedens nach dem II. Weltkrieg. Erst heute kann nach Freigabe der lange geheimgehaltenen Unterlagen ermessen werde, wie dicht die Welt sich am Rand eines Dritten Weltkriegs befand. Lange Jahre war Kuba damals von der westlichen Welt isoliert und abgeschnitten. Touristen waren bestenfalls aus osteuropäischen Ländern anzutreffen. Erst gegen Ende der siebziger Jahre öffnete Kuba seine Pforten wieder für Touristen aus dem Westen. Momentan hat Kuba, was die Zahl der Touristen betrifft, den größten Zuwachs der karibischen Welt zu verzeichnen. Kein Wunder: Findet der Reisende auf Kuba doch immer noch ein ausgesprochen günstiges Preis-Leistungsverhältnis vor.

Vom landwirtschaftlichen Standpunkt aus gesehen, verfügt Kuba vor allem über zwei wirtschaftliche Standbeine: den Tabak und das Zuckerrohr. Doch ist es verhältnismäßig schwer, sich alleine damit auf dem Weltmarkt zu behaupten. Um Fidel Castro in die Knie zu zwingen, wurden diese Produkte immer wieder boykottiert oder mit so hohen Einfuhrzöllen belegt, daß es für die zuckerrohr- und tabakverarbeitende Industrie uninteressant wird, auf Kuba einzukaufen.

Obwohl die 1960 verhängte Wirtschaftsblockade gegen Kuba auf dem Papier bis heute besteht, bröckelt sie doch langsam ab. Die Eindrücke, die Kuba auf den Besucher hinterläßt, sind daher durchaus gemischt. Einerseits macht das Land einen recht verwahrlosten Eindruck, andererseits wird betont, daß der Lebensstandard der Kubaner durchaus solide sei. Jeder habe Arbeit und jeder habe zumindest ein Dach über dem Kopf. Prozentual gesehen gibt es in Kuba weniger Analphabeten als beispielsweise in den Vereinigten Staaten.

Einfluß der USA: Zahlreiche Glaubensgemeinschaften mit noch strengeren Regeln als die Katholische Kirche. Auch diese kleinen Gruppen bauen ihre eigenen Kirchen

UNITED CHURCH
JAMAICA, & CAYMAN

Karibische Leckerbissen: Vielfalt ist Trumpf

Traditionell herrschen in der karibischen Küche frische Produkte aus Landwirtschaft und Meer vor, Touristen sorgen aber auch für zunehmend fremde Einflüsse.
Berühmter Bestandteil der karibischen Küche ist der »Schnapper«. Dieser Raubfisch wird täglich gefangen, angelandet und kommt innerhalb weniger Stunden frisch auf den Tisch. Gegrillt und mit etwas Kräutern angerichtet, bietet er kulinarischen Genuß pur. In der Regel werden dazu Süßkartoffeln gereicht.

Eine Gaumenfreude der eher exotischen Art ist dagegen die Leguansuppe. Allerdings: Die schuppigen Reptilien entsprechen vom Aussehen her nicht ganz dem mitteleuropäischen Geschmack. So kommt es, daß diese Delikatesse meistens verschmäht wird. Völlig zu Unrecht! Das Fleisch ist weich und schmackhaft. Aus der Sicht des Umweltschutzes ist auch nichts an seinem Genuß auszusetzen. Leguane können in der Karibik mancherorts sogar eine wahre Landplage sein, da sie mancher Gemüsepflanzung den Garaus machen. Sie werden gefangen, getötet und in Stücke zerteilt. Dann kocht man sie samt Haut und Knochen in einer Brühe.

Die Conches sind Leckerbissen aus dem Meer. Sie werden roh, nur mit Zitronensaft gewürzt, genossen. Leider treiben einige Fischer hemmungslosen Raubbau an diesen Riesenschnecken. Zurückhaltung ist also geboten!

Das vielfältige Angebot auf dem Markt von Oranjestad, Aruba, täuscht. Die »ABC-Inseln« importieren ihre Lebensmittel vorwiegend aus der Europäischen Union. Trotzdem sind die Marktstände ein lohnendes Fotomotiv

Serviert werden sie als Suppengericht in einer Tasse oder auf einem Teller, meistens mit Nudeln und Reis. Übrigens wird Leguanfleisch in der Karibik vorwiegend von Männern gegessen, da dem Fleisch eine sexual-stimulierende Wirkung zugesprochen wird.

Eine weitere Spezialität sind die Conch-Schnecken. Diese großen Meeresschnecken werden roh gegessen und lediglich mit etwas Zitronensaft gewürzt. Vom Genuß dieser Tiere sollten wir als verantwortungsvolle Taucher jedoch Abstand nehmen, denn die Überfischung der Schnecken hat schon beinahe zu ihrer Ausrottung geführt. Eine weitere Unart ist es, die prächtigen Schneckenhäuser als Souvenir mit nach Hause zu nehmen. Achtung: Die Einfuhr solcher Souvenirs nach Deutschland ist strengstens verboten, da die Conch-Schnecke unter das Washingtoner Artenschutzabkommen fällt!

Auf den größeren Inseln, wie beispielsweise Kuba, wird auch intensive Landwirtschaft betrieben. Obwohl die Kubaner das Meer geradezu vor der Nase haben, verschmähen sie die frischen und bekömmlichen Produkte aus dem Ozean. Ihnen steht der Sinn eher nach den handfesten Genüssen vom Land. Ein sehr beliebtes Gericht ist beispielsweise der Picadillo. Es handelt sich dabei um ein Reisgericht, über das eine dicke, pikant gewürzte Hackfleischsoße gegossen wird. Bei den zahlreichen Festen auf der Insel gibt es meist Spanferkel. Das Spanferkel wird dabei, wie auch bei uns üblich, am Spieß gegrillt. Beilagen sind Süßkartoffeln und dicke Bohnen. Überhaupt die Bohnen: Sie stellen, wie oft im mittelamerikanischen Raum, auch in Kuba ein Hauptnahrungsmittel dar. Serviert werden sie mit gekochtem Reis. Raffinesse erhält das ganze Gericht durch Beigabe süßer Bananen.

Auf einigen Inseln spielt das Huhn eine gewichtige Rolle auf dem Speisezettel. Die Vielfalt der Zubereitungsarten scheint schier unendlich. Als Frikassé, meist in einer pikanten Soße, schmeichelt es dem Gaumen. Dazu werden Reis und Erbsen gegessen. Gegrillt, wie auch hierzulande üblich, erfreut es sich ebenfalls großer Beliebtheit. Eine Spezialität ist z. B. das Ingwer-Huhn. Das Fleisch wird von den Knochen gelöst. Die großen Stücke brät man in einer Pfanne scharf an, dazu werden klein geschnittene Ingwer-Stückchen gegeben.

Wer gerne scharf ißt, sollte einmal eine Pfeffersuppe probieren. Man brät Rindfleischstücke und Okra an und gibt allerlei scharfe Gewürze wie Pfeffer und Chilischoten zu. Zum Schluß, wenn das Fleisch gar ist, wird alles mit einer feinen Kokosnußmilch aufgegossen.

Die karibische Bevölkerung setzt sich, historisch bedingt, aus vielen unterschiedlichen Völkern zusammen. Europäische und amerikanische Traditionen existieren hier neben indianischen und afrikanischen Einflüssen. Diese Situation erklärt auch die ausgesprochen vielfältige Küche der Karibik. Eine Spezialität der kreolischen Küche ist beispielsweise das Tassot. Fleischstücke werden hierzu luftgetrocknet, anschließend für einige Stunden in einer Öl- und Gewürzmarinade eingelegt und die dann wieder butterweichen Stücke sanft in der Pfanne gegart. Auch Flambiertes steht auf vielen Speisekarten an erster Stelle, so das Cochon, Schweinefleisch mit Bananen vermischt und angebraten, später mit Rum aufgegossen und flambiert.

Wie leider in vielen Touristenorten dieser Welt, so wird auch die karibische Küche zunehmend durch Fremdeinflüsse verfälscht. Manche Feriengäste haben eben ihren eigenen Vorstellungen. So wie wir uns auf Mallorca mittlerweile schwertun, ein traditionelles Restaurant zu finden, so herrscht inzwischen auch in der Karibik die »internationale Küche« vor. Auf Aruba und den Bahamas beispielsweise, wo US-Amerikaner gerne ihren Urlaub verbringen, finden wir häufiger Fast Food in Form von Hamburgern mit Pommes auf dem Teller als regionale Fischgerichte. Auch in den Hotels wird eher »Westliches« gereicht. Das ist nicht nur schad', das ist auch fad, denn die einheimischen Köche können unseren Geschmack einfach nicht treffen. Entsprechend ist auch die Qualität der angeboten Speisen. Wer in der Karibik gut und traditionell essen will, der sollte sich lieber an die zahlreichen Garküchen halten, die in jeder Stadt zu finden sind.

Erwähnt werden müssen aber die vielen erstklassigen Lokale, die es auch auf den beschriebenen Ferieninseln mittlerweile gibt. Für viel Geld wird dort eine Küche der Spitzenklasse offeriert. Auch das Weinangebot kann sich sehen lassen – importiert, selbstverständlich. Lieferanten sind Kalifornien und Frankreich, deutsche und australische Weine findet man nicht. Stellvertretend für diese in unserem Sinne empfehlenswerten Lokale seien hier nur einige genannt: Das »Grand Old House« auf Cayman Island. Hier dominiert das lokale Angebot. Frisch gefangener Fisch und Meeresfrüchte stehen auf dem Speiseplan. Auf Aruba werden im »Pirates Nest« nicht nur Gaumenfreuden geboten. Auch die Unterhaltung kommt nicht zu kurz. Zwischen den Gängen bietet eine Folkloregruppe schon einmal kulturelle Darbietungen. Zum Brunchbuffet am Sonntagmorgen werden Limbo-Darstellungen gegeben. Auf Curaçao, genauer in der Inselhauptstadt Willemstad, besucht der Gourmet das »Fort Nassau«. Es liegt malerisch über dem riesigen Überseehafen der Stadt. Im Ambiente des uralten Gemäuers werden Spezialitäten aus Küche und Keller angeboten. Am besten, man besucht das Lokal abends, wenn es zu dämmern beginnt und der Hafen illuminiert wird. Weit blickt der Besucher über ein wahres Lichtermeer. Im Hintergrund die große Überseebrücke, die so hoch gebaut werden mußte, daß Ozeanriesen sie passieren können. Glück hat dann, wer zwischen Aperitif und Vorspeise erlebt, wie ein voll beleuchtetes Kreuzfahrtschiff in die Meerenge hineinfährt. Ein unvergeßliches Erlebnis!

Die Beschreibung der karibischen Küche wäre unvollständig, wenn die vielen exotischen Drinks nicht zumindest erwähnt würden. Grundlage für die Drinks ist in der Regel der kubanische Rum. In allen möglichen Farben und Formen »angerichtet«, dienen uns die Drinks als Bereiter einer köstlichen Mahlzeit, als deren krönender Abschluß oder als Beschließer eines schönen Urlaubstages. Schon Hemingway schätzte die ebenso süffigen wie gefährlichen Daiquiris, Pina Coladas oder Planter's Punch.

Abschließend noch ein Wort zu den Preisen. Wer eine Karibikreise von Europa aus bucht, der wird in den meisten Fällen eine Pauschalreise unternehmen. Das heißt, daß Flug, Hotel und Verpflegung im Reisepreis inbegriffen sind. Gegessen wird dann in den Hotels. Wer nur ein Hotel bucht, der wird in den vielen einheimischen Gaststätten preiswerte schmackhafte lokale Gerichte genießen. Die soeben erwähnten Lokale hingegen warten mit teuren Preisen auf. Trinkgeld ist meistens eingeschlossen. Trotzdem freuen sich die Kellner über ein Trinkgeld in Höhe von 10 bis 15 % des Gesamtpreises. Bedenken Sie: Die Löhne sind niedrig und die Menschen oft auf Trinkgelder angewiesen.

Leguangerichte dürften für europäisches Verständnis eher abstoßend sein. Weniger Empfindliche sagen, eine Leguansuppe sei eine Delikatesse. Das Fleisch ist zart und schmackhaft und erinnert an Hühnchen, ist jedoch viel würziger

Links: Kokosnüsse sind Exportgut und Rohstoff für exotische Drinks und Gerichte

Oben: Vor allem auf Kuba wird Tabak angebaut. Wer kennt und schätzt die »dicken Havannas« nicht – besonders nach einem delikaten Mahl?

Wirtschaft: Die reiche Karibik?

Tourismus, Zuckerrohr und Tabak bilden in der westlichen Karibik die Wirtschaftsfaktoren Nummer Eins. Alleine in der Karibik wird rund ein Viertel des Zuckerrohrs der Welt produziert. Zuckerrohr ist u. a. auch Rohstoff für den beliebten Rum. Viele Inseln der Karibik sichern sich heute zwar geringe, aber stetige Einkünfte durch dessen Produktion und Verkauf.

Zuckerrohr wurde bereits im 16. Jahrhundert aus Asien in die Karibik eingeführt und dort in Monokultur angebaut. Diese Monokulturen gibt es noch heute. Insbesondere auf Kuba, in der Dominikanischen Republik, auf Haiti und Jamaika finden wir riesige Zuckerrohrplantagen. Zunächst arbeiteten auf den Plantagen aus Afrika verschleppte Sklaven. Im 19. Jahrhundert wurden Sklavenhandel und Sklavenhaltung international geächtet. Diese Ächtung stellte einen ersten Wendepunkt in der Geschichte der Karibik dar. Plötzlich mußten die Plantagen von bezahlten Arbeitern bewirtschaftet werden – was die Preise natürlich unverzüglich in die Höhe schnellen ließ. Hinzu kam eine Erfindung, die in Deutschland gemacht wurde. Dort entdeckte der Chemiker Andreas Marggraf nämlich, daß man auch aus Zuckerrüben Zucker gewinnen kann.

Andere Einnahmequellen mußten nun gefunden werden. Kuba reagierte am raschesten und schuf sich neben dem Zukkerrohr ein zweites Standbein: den Tabak. Wer kennt sie nicht, besonders nach einem guten Essen, die Havanna. Die Inselhauptstadt gab der Zigarre den Namen, wobei Havanna nicht gleich Havanna ist. Es gibt sie in verschiedenen Längen und Dicken, was sich auf den Geschmack auswirkt. Auch werden zur

Herstellung verschiedene Tabakarten verwendet, mal mild, mal aromatisch, mal würzig. Für ausgesuchte Mischungen können Traumpreise erzielt werden. Eine weitere Einnahmequelle erschließt sich heute aus dem Rohstoff Erdöl. Da die karibischen Inseln selbst keine Erdölvorkommen haben, jedoch über eine Menge westliches Know-how verfügen, haben sie Förderstaaten wie Venezuela oder Brasilien die Raffinierung und Lagerung des Rohstoffes abgenommen. Namentlich auf Aruba, Bonaire und Curaçao finden wir Raffinerien und Zwischenlagerstätten.

Der derzeit wohl größte und wichtigste Wirtschaftsfaktor sind jedoch die Touristen. Schon früh haben die Bewohner der karibischen Inseln bemerkt, daß sie Europa und Nordamerika vor allem zwei Dinge voraushaben: das Klima und die landschaftliche Schönheit, letztere vor allem repräsentiert durch Palmenstrände und traumhafte Badebuchten. Schon um die Jahrhundertwende entstanden erste Feriensiedlungen. Seit Anfang der 90er Jahr sind die Zahlen der Übernachtungen jedoch geradezu explosionsartig gestiegen. Mittlerweile lebt die Karibik zu rund drei Fünfteln vom Tourismus. Der Boom kam übrigens genau zur rechten Zeit, denn das wirtschaftliche Standbein Erdöl hat massiv unter dem enormem Verfall des Weltmarktpreises zu leiden. Besonders betroffen hiervon sind die ABC-Inseln mit ihren einst riesigen Raffinerie- und Lagerkapazitäten.

Wirtschaftsfaktor Nr. 1 sind die Touristen. Sie schätzen Klima und landschaftliche Schönheit der Karibik. Hier genießt eine Amerikanerin die weiten Sandstrände und die heiße Sonne Arubas

Streifzug durch die Natur

Die Natur an Land

Wenn wir uns die karibische Tier- und Pflanzenwelt vorstellen, so denken wir in der Regel an endlose Palmenstrände, immergrüne Regenwälder und exotische Vögel wie Tukane und Papageien. Natürlich kommen auch die Leguane in unserer Vorstellung vor, doch die Karibik hat weitaus mehr zu bieten.

Das Negative vorweg: Der stetig wachsende Tourismus erfordert den Ausbau touristischer Infrastrukturen. Deswegen ist auch auf den Inseln der Neuen Welt der Boden- und Energieverbrauch enorm. Die Paradiese, die wir so lieben, sind gefährdet. Hinzu kommt das oft unvorsichtige und unbedachte Handeln der Touristen. Da gibt es die Muschelsammler, die gedankenlos die prächtigen Gehäuse der Conch-Schnecken als Souvenir mit nach Hause nehmen. Da sind die Liebhaber exotischer Vögel, die sich auf dem Schwarzmarkt mit Tukanen eindecken und diese nach Hause zu schmuggeln versuchen. Nicht zu vergessen die zahllosen Touristen, die Schmuck kaufen, der aus der Schwarzen Koralle gefertigt ist und in der Karibik noch immer günstig angeboten wird. Deswegen unsere Bitte: Handeln Sie umweltgerecht! Wenn Sie tauchen und schnorcheln, fassen Sie bitte nichts an! Kaufen Sie keine Muscheln und keine Schneckengehäuse! Finger weg von Korallenschmuck! Schließlich wollen Sie Ihren nächsten Karibikurlaub auch noch in einem Paradies und nicht auf einem »Schrottplatz« verbringen.

Die Pflanzenwelt

Die auffälligsten und bekanntesten Pflanzen der karibischen Inseln sind natürlich die Palmen. Diese kommen gleich in mehreren Arten vor. Am häufigsten treffen wir natürlich auf die Kokospalme, die die Strände säumt und wegen ihres Bekanntheitsgrades und ihrer problemlosen Pflege auch zur Begrünung der Hotelanlagen verwendet wird. Doch ist die Kokospalme keine ur-

Blütenstengel des Hibiskus. Die farbenprächtige Pflanze braucht viel Wärme und Licht. Die Inseln der Karibik sind also ein idealer Lebensraum

sprünglich in der Karibik heimische Art. Vielmehr wurde sie aus Südostasien eingeführt, da im karibischen Raum ähnlich ideale Bedingungen wie im tropischen Klima des Pazifiks herrschen.
Auf den Westindischen Inseln heimisch war und ist die Königspalme. Sie wird bis zu 30 m hoch, ihre Wedel werden bis zu 10 m lang. Am höchsten ist aber die Kohlpalme – bis zu 50 m. Man verwendet sie zur Anlage von Alleen.
Doch nicht nur Palmen prägen die Baumwelt der Karibik. Ein weiterer häufiger Vertreter ist der Brotfruchtbaum. Die Legende sagt, daß der Kommandant der »Bounty«, Kapitän Blight, ihn eingeführt hat. Der Brotfruchtbaum hat seinen Namen von den großen, brotartig aussehenden Früchten. Er spielte in der Ernährung der Plantagensklaven eine entscheidende Rolle. Ohne Brotbaum wären sie wohl verhungert.
Die meisten Inseln der Karibik waren früher traumhaft bewachsene Eilande. Wie Venezuela oder Brasilien verfügten auch sie über intakte Regenwaldökosysteme. Auch Edelhölzer wie Mahagoni oder Ebenholz gehörten hierzu. Letztere waren mit der Grund, daß diese Paradiese zerstört wurden. Die Bauwut der Alten Welt verlangte nach immer mehr, immer selteneren und immer wertvolleren Hölzern. Da kamen die neu entdeckten Länder gerade recht. Auch dem Schiffsbau fiel eine Unmenge dieser natürlichen Ressourcen zum Opfer. Heute zeigen sich viele Karibikinseln daher nackt und bloß, erodiert und mit Flechten und Kakteen überwuchert.
Aber auch Kakteen haben ihren botanischen Reiz. Auf den Inseln unter dem Wind, also beispielsweise Aruba, Bonaire und Curaçao, werden sie hoch wie Bäume. Manche von ihnen können sogar auf Stein wachsen. Sie treiben ihre kräftigen Wurzeln in jeden Spalt, und sei er auch noch so klein. Jeder Hauch eines Wassertropfens wird optimal genutzt.

Pflanzen als Vorbild für Kleiderfarben: Die Menschen der Karibik kleiden sich gerne farbenprächtig. Das leuchtende Rot des Hibiskus diente dieser Frau wohl als Vorbild für ihr »Outfit«

Eine Pflanze, die zu den Agaven zählt, soll an dieser Stelle noch besondere Erwähnung finden: die *Aloe vera*. Aus ihr gewonnene Inhaltsstoffe sind u. a. Wirkstoff in zahlreichen kosmetischen Präparaten. Vorwiegend auf den Antilleninseln wurde *Aloe vera* deswegen in großem Stil angebaut. Heute verfügt

Oben: Was bei uns nur im Haus gedeiht, wächst hier wie Unkraut: Hibisken jeder Art

Unten: Ein prächtiger Wandschmuck sind die üppig wachsenden Bougainvilleas

nur Aruba über nutzungsfähige Plantagen dieses interessanten Gewächses.

Die Vogelwelt

Bunt und vielfältig ist die Vogelwelt der karibischen Inseln. Besonders auffällig ist ein etwa amselgroßer, merkwürdig gelb-schwarz gefärbter Vogel. Dieser freche Flattermann ist oft so dreist, daß er sich in Restaurants auf besetzten Tischen niederläßt und vor den verdutzten Augen des Gastes allerhand Naschwerk vom Teller stiehlt. Seine bevorzugte Beute ist Zucker. Die Einheimischen haben ihm deswegen den Spitznamen »Sugarthief« gegeben. In Papiamento, dem unverständlichen Sprachgemisch aus Spanisch, Kreolisch, Englisch und Niederländisch, heißt er »Braicca Chill«, was allerdings auch nichts anderes als Zuckerdieb bedeutet.
Wer nach dem Tauchgang einen Ausflug in die mittlerweile zahlreichen Naturparks der verschiedenen Inseln unternimmt, wird hier Paaren grüner Vögel mit gelben Köpfen begegnen. Sie sehen zwar aus wie Papageien, doch es handelt sich um Sittiche. Sie werden »Lovebirds« genannt, da sie immer zu zweit auftreten und verliebt miteinander turteln.
Namentlich auf Bonaire erwartet den biologisch interessierten Besucher ein besonderes Spektakel. Es sind die hier zahlreich vorkommenden Flamingos, die in den Salinen und den flachen, brackwasserhaltigen Buchten nach Nahrung suchen. Auf vielen Inseln sind sie streng geschützt. So ist es auf Bonaire beispielsweise streng verboten, sich ihnen mehr als auf 200 m zu nähern. Die

Ranger des Bonaire Marine Parks, einer Umweltstiftung, fahren mehrmals am Tag Patrouille und verhängen drastische Strafen über diejenigen, die sich nicht an dieses Verbot halten.
An der Küste beobachten wir Pelikane und die riesigen Fregattvögel. Letztere erreichen eine Flügelspannweite von bis zu 2,50 m. Sie sind perfekte Segler, die auch jedes noch so geringe Lüftchen zu eleganten Flugmanövern nutzen können. Allerdings ist der Fregattvogel ein Schmarotzer. Lieber macht er sich über die Brut anderer Seevögel her, als selbst Beute zu machen. Leider sind auch viele Vogelarten in Gefahr. Die Grenadataube beispielsweise soll nur noch in 44 Exemplaren vorkommen.

Exotische Reptilien und Säuger

Das häufigste und auffallendste Reptil der Westindischen Inseln ist der Leguan. Da man seinem Fleisch aphrodisierende Wirkung nachsagt, wird er besonders von der männlichen Bevölkerung der Karibik gerne gegessen. Mit allerlei Jagdmethoden stellt man ihm nach. Das hat dazu geführt, daß Leguane recht scheu geworden sind. Doch noch immer gibt es in der Karibik mehr als genug davon. Zum Schrecken der Lebensmittelfarmer fallen sie nachts oft zu Hunderten in Salat- und Gemüsegärten ein und vertilgen die Arbeit von Wochen.
Giftschlangen sind in der Karibik nur mit wenigen Arten vertreten. Auf einigen Inseln kommen die giftigen Lanzenottern (Bothrops) vor, auf Aruba ist die Klapperschlange heimisch. Unfälle mit diesen giftigen Reptilien wurden bisher keine bekannt.

Säugetiere waren auf den Karibikinseln nie heimisch. Da die Inseln teilweise aus dem Meer ragende Vulkankegel sind oder Bergspitzen unterseeischer Gebirge darstellen, konnten nur Tierarten auf die Inseln gelangen, die über lange Strecken schwimmen oder fliegen konnten. Säugetiere sind hierzu nicht in der Lage. Daher ist nur eine Säugerordnung vertreten, und die kann fliegen: Fledermäuse. Wenn wir in der Karibik heute auf Schweine oder Ziegen treffen, so handelt es sich um verwilderte Haustiere. Eine Ausnahme machen Trinidad und Tobago. Sie waren noch vor wenigen tausend Jahren durch eine Landbrücke mit Südamerika verbunden. Deswegen gab es dort auch Affen, Raubkatzen und einige Bärenarten. Doch diese Tiere wurden längst vom Menschen ausgerottet.

Ein Sittich beobachtet aufmerksam Besucher vor allem im Innern der Inseln. Viele Behörden haben dort inzwischen Naturparks ausgewiesen, die per Jeep, Mountainbike oder auch zu Fuß erkundet werden können

Tauchen in tropischen Gewässern

Achten Sie auf die Sicherheit!

Die Gefahren, die beim Tauchen auf den Menschen lauern können, werden oft maßlos übertrieben, sicherlich aus mangelnder Kenntnis, andererseits jedoch auch bisweilen sträflich verharmlost. Entgegen weit verbreiteten Gerüchten, daß Gefahren vor allem von Meerestieren ausgehen, ist es leider ein Faktum, daß wir Menschen uns beim Tauchen selbst die allergrößte Gefahr sind. Wer sich also für seinen Urlaub einfach nur gemütliches Schnorcheln entlang des Strandes vorgenommen hat, der wird sich rasch über die wunderbare Flora und Fauna unter Wasser freuen. In den meisten Fällen wird dies dazu führen, daß der Schnorchler Zeit und Raum vergißt und lange Zeit, jedenfalls mehr als vorgesehen, im Wasser verbringt. Da Schnorchler meist ohne Kälteschutz, d. h. ohne Tauchanzug, ins Wasser gehen, lauern vor allem zwei Gefahren: die der Unterkühlung und die des Sonnenbrandes.

So sieht eine komplette Schnorchel- oder ABC-Ausrüstung aus. Sie besteht aus Flosse, Maske und Schnorchel

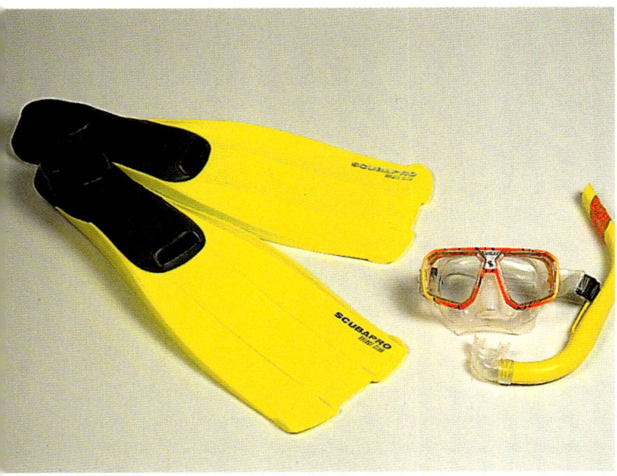

Unterkühlung vorbeugen!

Wasser ist ein viel besserer Wärmeleiter als Luft. Deswegen kühlt unser Körper selbst im warmen Wasser sehr schnell ab. Da von oben gleichzeitig die Sonne einstrahlt, werden wir dies zunächst gar nicht bemerken. Zusätzlich reagiert unser Körper auf Kühle, indem das Blut aus den äußeren Schichten ins Innere des Körpers zurückgezogen wird. So ist eine Wärmeversorgung der wichtigen Körperteile, der inneren Organe, gewährleistet. Erst wenn wir dann aus dem Wasser kommen, fällt uns auf, daß wir eigentlich frieren. Wir müssen deshalb während des Schnorchelns sorgfältig auf die Signale unseres Körpers achten. Am besten, man schnorchelt zu zweit. Dann sieht man beim Partner die unverwechselbaren Anzeichen, die wir früher als Kinder schon im Schwimmbad an unseren Spielkameraden beobachten konnten: blaue Lippen, Zittern des Körpers und eine verschrumpelte Haut. Die Empfehlung kann hier nur lauten: Früh genug aus dem Wasser gehen, sobald solche Symptome beobachtet werden!

Schnorchelausflug auf Bonaire. Neuerdings werden geführte Touren rings um die Insel angeboten. Solche Touren sind auch für Anfänger geeignet, die Teilnehmer erhalten vorher eine ausführliche Einführung

Auf Sonnenschutz achten!

Eine andere Gefahr ist die starke Sonneneinstrahlung. Auch im Wasser können wir Sonnenbrand bekommen. Dies besonders, wenn wir uns beim Schnorcheln an der Wasseroberfläche bewegen. Durch Seegang oder ständiges Auf- und Abtauchen wird unsere Haut permanent mit Wasser benetzt. Die kleinen Wassertropfen wirken wie winzige Prismen oder Vergrößerungsgläser, die das einfallende Sonnenlicht zusätzlich bündeln und so auf einen Brennpunkt konzentrieren. An der Wasseroberfläche ist somit die Gefahr eines Sonnenbrandes noch größer als an Land. Hinzu kommt, daß das Licht nicht nur von oben einfällt, sondern von der Wasseroberfläche und dem weißen Sand zusätzlich in alle Richtungen reflektiert wird. Wir sind also einem wahren »Bombardement« von UV-Strahlung ausgesetzt. Abhilfe schafft das sorgfältige Eincremen mit wasserfester Sonnencreme. Noch besser ist das Tragen eines T-Shirts, das uns zusätzlich auch vor nesselnden Tieren oder Pflanzen schützen kann.

Ein Wort noch zur richtigen Anwendung von Sonnenschutzlotionen: Am sinnvollsten cremt man sich 20 bis 30 Minuten vor einem Strandgang ein. So hat die Lotion genügend Zeit, in die Haut einzuziehen. Besonders viel Creme tragen wir auf die empfindlichen Stellen an der Oberfläche der Füße, zwischen den Beinen, in der Leistengegend und an der Innenseite der Arme auf. Zu Beginn des Urlaubs wählen wir einen hohen Lichtschutzfaktor, mindestens 16 oder 20. Gegen Ende, wenn wir schon eine ge-

wisse Bräune erreicht haben, können wir auf Lichtschutzfaktor 6 oder 8 zurückgehen.
Auch Schnorchler müssen umweltgerecht handeln. Oberstes Gebot ist es deshalb, nichts anzufassen. Das hat weniger mit der Gefahr zu tun, die von einigen Meerestieren ausgeht, als vielmehr mit dem Schutz der Umwelt. Durch Anfassen zerstören wir die Riffe oder einzelne Lebewesen.

Sicherheitstips für Sporttaucher

Wer die Absicht hat, in der Karibik »richtige« Tauchgänge zu unternehmen, der sollte das Tauchen am besten in einer heimischen Tauchschule in Europa lernen. Das hat gleich mehrere Vorteile: Zum einen können wir schon tauchen, wenn wir am Urlaubsort ankommen und sparen damit wertvolle Zeit. Zum anderen bringen wir eine gewisse Erfahrung im Umgang mit der komplizierten Gerätschaft mit. Der wichtigste Faktor ist jedoch ein psychologischer: Wenn wir das Tauchen in unseren heimischen Seen erlernen, tun wir das in der Regel im kalten, trüben Wasser. Ein dicker Kälteschutz umgibt uns. Höhepunkte sind rar. Ein Hecht, ein scheuer Karpfen, eine Schleie oder ein Schwarm Rotfedern bieten nur wenige Abwechslung auf Süßwasser-Tauchgängen. Welch eine Abwechslung aber in der Karibik! Das Wasser ist warm und hell. Sofort fühlen wir uns sicher. Der dicke Kälteschutz ist weggefallen. Wir bewegen uns viel sicherer und freier als in heimischen Gewässern. Die Formel ist einfach: Wenn wir uns im Süßwasser sicher und gekonnt bewegen können, dann können wir das erst recht in den komfortablen Gewässern der Tropen.
Wer sich zu einem Tauchurlaub in der Karibik entschließt, der wird sich in der Regel einer Tauchbasis anschließen, alleine schon deshalb, weil man nicht in der Lage ist, eine eigene Tauchausrüstung mit auf die lange Flugreise zu nehmen. Deshalb wird in der Regel das Einhalten der Sicherheitsstandards gewährleistet sein. Da die nahegelegenen Vereinigten Staaten großen Einfluß ausüben, wird vorwiegend nach Padi, SSI oder IDD-Richtlinien getaucht. Diese Organisationen legen selbstverständlich großen Wert auf die Sicherheitsstandards. Trotzdem seien die wichtigsten Regeln an dieser Stelle noch einmal aufgeführt:

• Tauche nie allein!
Das Wichtigste aller Tauchgebote bewahrt uns davor, daß wir in gefährlichen Situationen auf uns alleine gestellt sind. Plötzliches Unwohlsein, der Ausfall der Luftversorgung durch den technischen Defekt eines Gerätes oder Panik aufgrund unerwarteter Ereignisse sind Gefahren, in denen uns ein zuverlässiger Tauchpartner zur Seite stehen kann.

• Suche ein geeignetes Gebiet!
Wenn von Land aus getaucht wird, müssen vor allem die Ein- und Ausstiege bequem sein. Steile und steinige Klippen sind nicht geeignet. Achtung: Durch gezeitenbedingte Wasserstandsschwankungen kann der ehemals komfortable Einstieg zum unüberwindbaren Hindernis geworden sein. Vergewissern Sie sich vorher!

• Meide Schiffahrtswege!

Viele Buchten oder Kaps sind beliebte Ausflugspunkte für Schiffe und Boote. Diese Gebiete meidet man als Taucher/Schnorchler besser, da das Auftauchen zum unkalkulierbaren Risiko werden kann. Jährlich werden mehr Taucher durch Schiffsschrauben verletzt, als durch Tauchunfälle im eigentlichen Sinn. Setzen Sie deshalb beim Tauchen Bojen. Gebräuchlich sind die Taucherflagge (weißer Querbalken auf rotem Grund) und die Alpha-Flagge (Blau-Weiß). In der Karibik ist letztere Vorschrift. Beim Auftauchen dreht man sich ständig um die eigene Achse und blickt nach oben.

• Richtig atmen!

Besonders als Schnorchler gerät man schnell in die Gefahr der Hyperventilation. Was ist das? Um besonders lang und tief tauchen zu können, atmen Schnorchler gerne tief ein und aus. Dadurch scheidet der Körper besonders viel CO_2 aus – der Atemreflex wird ausgeschaltet. So kommt es zum gefürchteten »Black Out«, der Schnorchler wird infolge Sauerstoffmangels bewußtlos.

• Tauche nie krank und geschwächt!

Krankheiten schwächen den Körper. Deshalb darf nie in krankem Zustand getaucht werden. Besonders tückisch ist der ansonsten harmlose Schnupfen: Bei Erkältungen werden oft Nasentropfen verwendet, die die Schleimhaut abschwellen lassen. Wenn sich diese unter Wasser jedoch wieder aufbaut, kann der entstehende Druck nicht über die Nase abgeleitet werden. Er sucht sich deshalb seinen Weg nach draußen über andere Öffnungen. Dies kann schlimmstenfalls zum Platzen des Trommelfells führen.

Komfortabel und sicher: Ein Schnorchelkragen in auffälligem Gelb

• Tauche immer mit geeigneter Ausrüstung!

Ausrüstungsgegenstände müssen nicht nur von der Bauart her geeignet sein. Auch der teuerste Lungenautomat kann versagen, wenn er nicht richtig gepflegt und gewartet wird. Deshalb ist auf die Pflege und Wartung der Tauchausrüstung besonderer Wert zu legen.

Sicherheit: Von A wie Ausrüstung bis Z wie Zeitverschiebung

Wer in fremden Gefilden taucht, hat dort zunächst physische und psychische Nachteile: Die Gewässer sind unbekannt, zumindest ein Teil der Ausrüstung ist geliehen und hinzu kommen noch die zahlreichen unbekannten Pflanzen und Tiere unter Wasser.
Sicherheit beginnt deshalb mit der Ausrüstung, besser gesagt, mit der sicheren

Tropentauchanzüge schützen vor Auskühlung und Verletzungen im Riff durch nesselnde Tiere oder Schürfwunden

Verpackung der Ausrüstung, die man mitnimmt. Grundsätzlich vermietet jede Tauchbasis im karibischen Raum komplette Ausrüstungen. Wer also ganz bequem verreisen will, der läßt seine eigenen »Tauchklamotten« zuhause und mietet sich sein Equipment vor Ort. Zwei Dinge sprechen aber dagegen: Zunächst einmal sind Tauchgänge mit Vollausrüstung teurer als solche, die nur mit Teilausrüstung durchgeführt werden können, zum anderen sind einem die Ausrüstungsgegenstände nicht vertraut. Deshalb nimmt man am besten folgende Ausrüstungsgegenstände mit:

Maske

Beim Kauf einer Maske sollten Sie ruhig mehrere anprobieren, bis Sie diejenige mit der besten Paßform gefunden haben. Vorteilhaft ist das Vorhandensein eines Ausblasventils, sollte die Maske einmal mit Wasser vollaufen.

Schnorchel

Auch hier ist ein Ausblasventil zweckmäßig. Wählen Sie zudem Schnorchel in kräftigen Signalfarben, so daß Sie über Wasser besser gesehen werden. Beim Verleih spielen auch hygienische Aspekte eine Rolle.

Lungenautomat

Das wichtigste Teil der Ausrüstung ist der Lungenautomat, denn er gewährleistet die Luftversorgung. Seine gute Wartung bedeutet ein Stück Sicherheit – und die Wartung ist besonders bei stark frequentierten Tauchbasen nicht immer gegeben. Achtung: Ein DIN-INT-Adapter darf im Gepäck nicht fehlen!

Noch ein Wort zur zusätzlichen Luftversorgung. Mittlerweile ist auf jeder Tauchbasis der Welt der sogenannte Oktopus vorgeschrieben, eine zusätzliche zweite Stufe, die an der gemeinsamen ersten Stufe angeschlossen wird. Noch mehr Sicherheit böte ein kompletter zweiter Lungenautomat, der an einem getrennt absperrbaren Ventil an der Flasche angeschlossen wird. Ob Oktopus oder zweiter Automat, beide Teile werden an einem speziell dafür angebrachten Haken am Jacket befestigt. So wird der Lungenautomat auf einen Griff gefunden und das Riff nicht durch umhergeschleifte Ausrüstungsteile beschädigt.

Finimeter

Das Druckmanometer ist an der ersten Stufe des Atemreglers angeschlossen. Wer sein »Fini« daheim läßt, erlebt in der Karibik oft eine böse Überraschung: Statt der Anzeige in bar zeigen die amerikanisch genormten Instrumente in PSI (pound oder per squareinch) an. Ein bar sind etwa 14,5 PSI.

Jacket

Ebenfalls gewöhnungsbedürftig sind fremde Jackets. Beim eigenen sitzt einfach der Griff nach Lufteinlaß und Luftablaß. Beim fremden muß der richtige »Knopf« erst gefunden werden. Auch hier gilt: Signalfarbe bedeutet Sicherheit. Vorschrift ist in jedem Land die Signalpfeife zum Abgeben von Notsignalen.

Computer

Der eigene Computer gehört auf jeden Fall ins Tauchgepäck! Zwar werden in der Karibik fast ausnahmslos Nullzeittauchgänge unternommen, dafür wird jedoch zwei-, dreimal am Tag getaucht. Hand aufs Herz: Beherrschen Sie noch die Berechnung von Wiederholungstauchgängen nach Tabelle?

Bleigurt

Wer will, der kann auch seinen Bleigurt mitnehmen – allerdings ohne Gewichte. Empfehlenswert sind die Bleigürtel mit Taschensystemen, so kann zu- bzw. abgeladen werden, ohne daß der Gurt abgenommen werden muß.

Sicherheit auch für Schnorchler

Schnorchler haben es auf Reisen einfacher, sie benötigen nur die ABC-Ausrüstung. Bei Flossen ist dem offenen Fußteil mit Fersenband übrigens der Vorzug vor der geschlossenen Flosse zu geben. Optimal ist ein Füßling mit einer festen Laufsohle.

Ein Stück Sicherheit bedeuten auch Schnorchelwesten. Sie werden ähnlich wie die früher üblichen Kragenwesten getragen. Tariert wird durch Ein- und Ausatmen. Die Farbe sollte auf der blaugrauen Wasserfläche gut zu sehen sein.

Die größte Gefahr für den Schnorchler ist nicht der »blutgierige« Hai, sondern das vorbeirauschende Motorboot. Tief im Wasser liegende Dinge – wie etwa den Kopf des Schnorchlers – sieht der Bootsführer schlecht bis gar nicht. Ein Schnorchler sollte deshalb eine Boje mit der sogenannten Alphaflagge mit sich

Den Auftrieb des Anzugs kompensiert der Bleigurt. Hier eine »Soft-Ausführung«

Oben: Ausrüstung sicher verstaut? Eine speziell konstruierte Tasche nimmt sie auf

Unten: Wichtigstes Ausrüstungsstück des Tauchers ist die Preßluftflasche – hier mit der Tarierhilfe kombiniert abgebildet

führen. Diese aufblasbare Boje wird an einer Leine mitgeführt. Sie dient außerdem zum Ausruhen, sollte sich der Freitaucher einmal übernommen haben.
Und wie wird dies alles transportiert? Während früher der Seesack in Gebrauch war, bieten sich heute Rucksäcke zum Transport an. Die Außenwände dieser Rucksäcke sind gepolstert, so daß die Ausrüstung gut geschützt ist. Der dem Rücken zugewandte Teil besteht aus einem wasserundurchlässigen Material. So wird verhindert, daß der Taucher nach dem Tauchgang einen nassen Rücken bekommt. Viele Behältnisse haben zusätzlich Rollen, so kann das Gepäck gezogen oder getragen werden.

Die Sicherheitsausrüstung

In den Tropen taucht man mit reduzierter Ausrüstung, der schwere Trockentauchanzug fällt also weg. Trotzdem ist ein leichter Tropentauchanzug empfehlenswert. Dieser beugt Verletzungen durch Meerestiere (Quallen etc.) besser vor als beispielsweise das T-Shirt.
Fischernetze werden im klaren Wasser rechtzeitig erkannt – was das Mitführen eines Tauchermessers oder einer Schere unnötig macht. Wer sicher gehen will, sollte diese aber trotzdem mitführen.
Wo ist in einem tropischen Meer am meisten los? Sicher an den Stellen, wo Strömung herrscht, hier sind die besten Nahrungsvoraussetzungen. Diese Stellen bergen aber auch die Gefahr, daß der Taucher abgetrieben wird und vom Boot aus nur schwer bis gar nicht mehr auszumachen ist. Er muß also Gegenstände mit sich führen, mit denen er auf sich aufmerksam machen kann.

Aufblasbare Boje
Diese Boje wird zusammengefaltet mitgeführt, im Notfall aufgeblasen und kann dann auch auf größere Entfernung vom Tauchschiff aus gesehen werden.

Lampe
Nachts kann die Boje mit einer Lampe angestrahlt und Signal gegeben werden: Ein Kreis bedeutet »alles o. k.«, Auf- und Ab signalisiert den Notfall.

Blitzgerät
Am Jacket befestigte Blitzgeräte geben in regelmäßigen Abständen ein Lichtsignal ab.

Nikosignal
Diese Leuchtpistole, für die man keinen Waffenschein braucht, ist die wirksamste Art, seinen Standort zu kennzeichnen. Sie ist wasserdicht und gegen ungewolltes Auslösen gesichert. Im Notfall wird eine Leuchtrakete abgeschossen.
Achtung: Wenn Sie das Nikosignal im Flugzeug mitführen wollen, müssen Sie dieses beim Einchecken anmelden. Es darf nicht in der Kabine mitgeführt werden! Die Munition ist zu entfernen.

Akustische Signalmittel
Bereits ansgesprochen wurde die am Jacket befestigte Pfeife. Lauter ist das sogenannte »Dive Allert«, eine Pfeife, die im Mitteldruckkreislauf des Gerätes montiert wird.
Schließlich sei noch die Möglichkeit erwähnt, sich an giftigen Meerestieren oder -pflanzen zu verletzen. Dagegen kann man sich nur durch eines schützen: Umweltgerechtes Tauchen. Das heißt, daß wir immer sauber austariert sind und nichts berühren!

Oben:
Der Atemregler, populär Lungenautomat, reduziert den Flaschendruck auf Umgebungsdruck

Unten:
Alle technischen Daten auf einen Blick: Die Konsole mit Finimeter, Tiefenmesser und Kompaß macht' s möglich. Sie wird mittels Schlauch an der ersten Stufe des Lungenautomaten befestigt

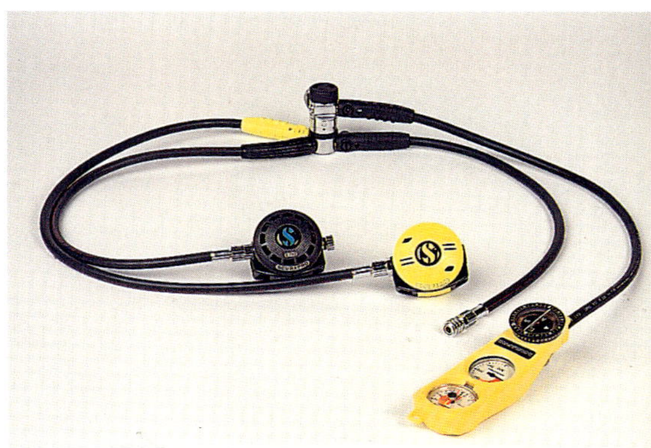

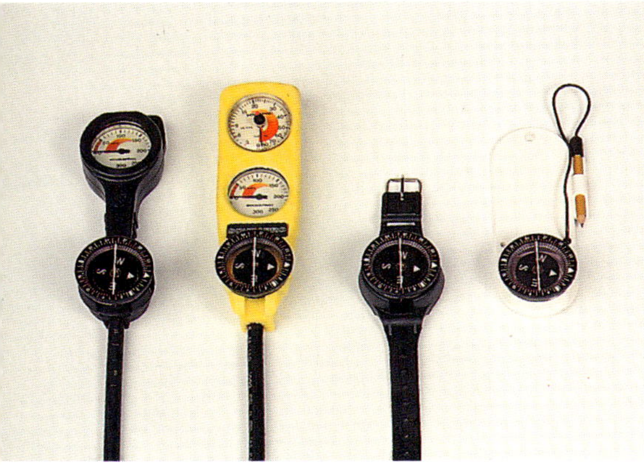

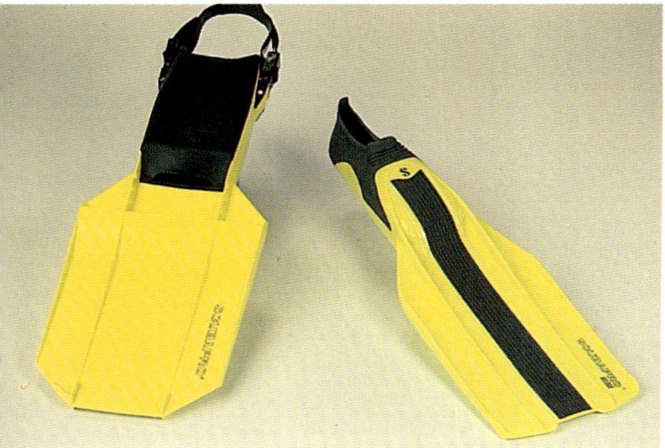

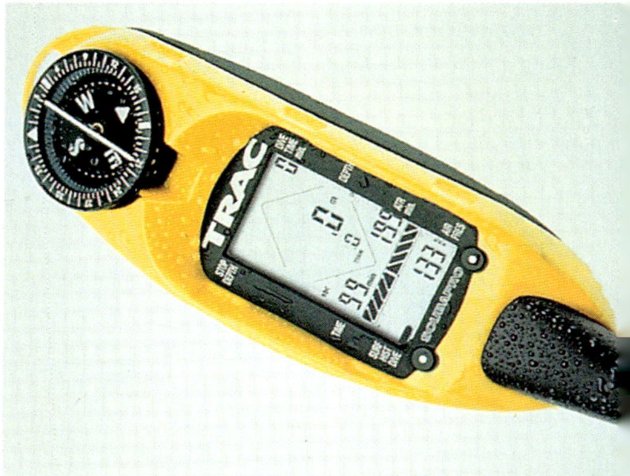
TRAC

Linke Seite:
Oben links: Geräte wie den Kompaß kann man entweder mit Schlauchhalterung am Finimeter tragen oder separat an Arm oder Hals – je nach Lust und Laune

Oben rechts: Verschiedene Maskentypen. Beim Kauf ist auf gute Paßform zu achten. Das rechte Modell hat ein eingebautes Ausblasventil

Mitte links: Mit einem harten Flossenblatt schwimmt man zwar schnell, aber mit hohem Kraftaufwand. Mit einem weichen Flossenblatt geht es gemütlicher und ausdauernder

Mitte rechts: Der Tauchcomputer ersetzt Tiefenmesser, Uhr und Tauchtabelle. Die Elektronik wird ständig weiterentwickelt

Unten links: Sicherheit für wenig Geld: Per Trillerpfeife macht ein von der Strömung abgetriebener Taucher auf sich aufmerksam. Die Pfeife ist für jedes Jacket vorgeschrieben

Unten rechts: Ein Tauchermesser ist keine Waffe, sondern dient als Werkzeug

Rechte Seite:
Oben: Auch Schnorchel gibt es in den verschiedensten Ausführungen. Links ein Modell mit Ausblasventil

Mitte: Paßt nicht! Unser DIN-Anschluß muß in der Karibik mit einem INT-Adapter passend gemacht werden

Unten rechts: Bootsführer wissen: Wenn die hier abgebildete Alpha-Boje im Wasser schwimmt, befindet sich ein Taucher darunter. Die Stelle muß im 200-m-Radius überfahren werden

Unten links: Optisches Signalmittel für Abgetriebene. Nachts kann die Boje per Blitzlicht oder Taucherlampe beleuchtet werden

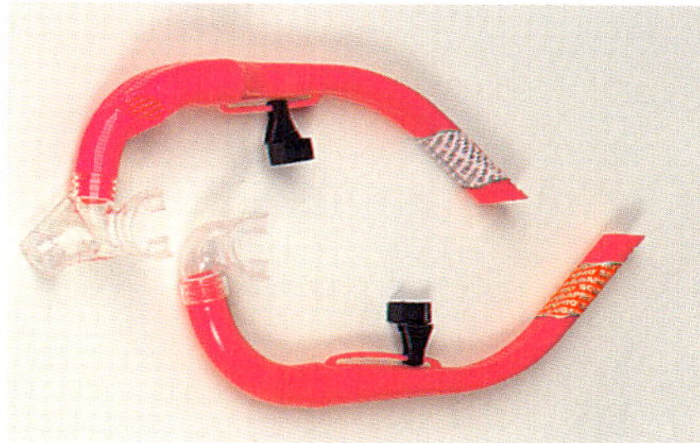

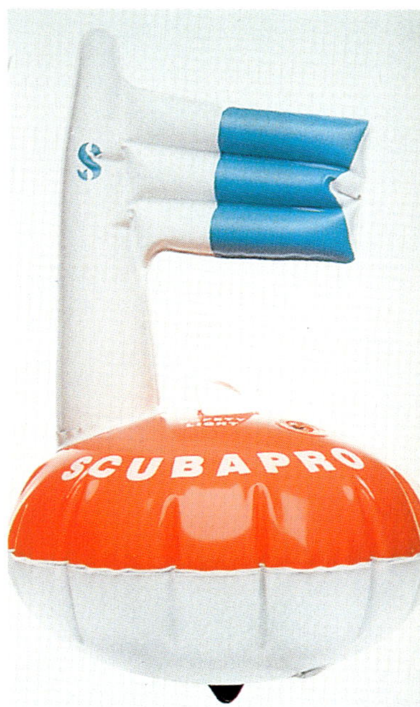

Die Welt der Korallenriffe

Tropische Riffe: Bauwerke für die Ewigkeit

Stellt man sich die Frage nach den leistungsfähigsten Baumeistern dieser Welt, so fallen einem spontan eigentlich nur zwei ein: der Mensch, bestenfalls noch die Termite. Falsch, ganz falsch! Es sind die winzigen Polypen der Koralle, die die grandiosesten Bauwerke unserer Erde schufen - die mächtigen Riffbänke auch aus erdgeschichtlicher Zeit zeugen von der Leistungsfähigkeit dieser ansonsten eher zerbrechlich wirkenden Tiere.
Sie haben mit Tauchen überhaupt nichts am Hut? Sie laufen lieber Ski oder gehen Bergwandern? So wie Sie diesen zweifellos ebenfalls schönen Sportarten in den Dolomiten, der Schwäbischen Alb oder in den Alpen nachgehen, so tun Sie das – in einem ehemaligen Korallengarten! Auf versteinerten Riffen, die zu Gebirgen aufgefaltet wurden.
Damit ein Riff entstehen kann, müssen viele Faktoren zusammenwirken. Biologische Einflüsse spielen dabei ebenso eine Rolle wie geologische, morphologische und meteorologische. Und vor allem braucht es viel Zeit, bis Rifflandschaften entstanden sind. Die Atoll-Inseln der Südsee sind beispielsweise über eine oder zwei Eiszeiten hinweg gewachsen. Wir werden später sehen, wie dies genau zu verstehen ist.

Wie aus dem Bilderbuch: Eine Komposition aus Weich-, Stein- und Hornkorallen. Das Bild entstand vor Long Island, Bahamas

Korallen brauchen Licht und Wärme

Korallenriffe finden wir weder weit im Süden noch zu weit in den nördlichen Meeren. Etwas ungenau formuliert könnte man sagen, daß ihr Verbreitungsgebiet nördlich bis zum Wendekreis des Krebses, südlich bis zum Wendekreis des Steinbocks reicht – genauer gesagt das Gebiet, welches wir allgemein die Tropen nennen. In der Tat sind die Polypen der Korallen sehr kälteempfindlich. Die Umgebungstemperatur darf nie länger unter 20 °C absinken, das Absterben der Korallen wäre die unmittelbare Folge.
Und noch eine weitere Besonderheit fällt ins Auge: Korallenriffe kommen immer in Landnähe vor oder bildeten sich auf einem unterseeischen Gebirge. Kaum ein »Fundament« auf dem sie stehen liegt tiefer als 50 m. Warum? Korallenpolypen können ihre immense Bautätigkeit nur vollbringen, weil sie mit einzelligen Algen in Symbiose leben. Algen sind jedoch auf Licht angewiesen, das in ausreichender Menge nur in den oberen Wasserschichten zur Verfügung steht.
Mit die größten Feinde der Korallenriffe sind daher von Tauchern aufgewirbelte Trübstoffe oder Sedimente, die von Flüssen ins Meer gespült werden. Diese trüben das Wasser und dämpfen den Lichteinfall, in der Folge ersticken die empfindlichen Polypen. Dies erklärt auch, wieso in stark betauchten Gebieten so viele Korallen absterben – auch wenn Taucher heute in der Regel sehr umweltbewußt vorgehen.

Die Riffe der Karibik

Die Welt der Korallen wird in zwei große Areale unterteilt: die Indopazifische Riffregion und die Atlantische Riffregion. In der Karibik bewegen wir Taucher uns in der Atlantischen Riffregion.

Zusätzlich werden Riffregionen in Riffprovinzen aufgeteilt. Der Atlantik beispielsweise in die Riffregion Bermuda, die Riffregion Karibik-Westindien, die Brasilianische Riffregion und die Regionen vor dem Afrikanischen Kontinent.

Für diesen Reiseführer ist ausschließlich die Karibisch-Westindische Region von Interesse, die wir in der Folge etwas näher betrachten wollen. Zunächst ist auffällig, daß die nördlichen Regionen des Golfes von Mexiko weitgehend frei von Korallenriffen sind. Der Grund hierhierfür ist der schlammreiche Mississippi, der im Norden in den Golf mündet. Die ungeheuren Massen eingespülter Sedimente verhindern jedes Korallenwachstum da, wie bereits ausgeführt, aufgewirbelte Sedimente jede Form von Korallenwachstum ersticken. Lediglich im Ausströmschatten des Mississippi vor der mexikanischen Küste gedeihen kleinere Korallenriffe.

In der Atlantischen Riffregion nimmt die Karibik eine herausragende Stellung ein. Hier finden sich die größten und vielfältigsten Rifflandschaften. Grundsätzlich unterscheidet die Wissenschaft vier Arten von Korallenriffen:

Umweltschutz geht vor! Trotz fotografischem Eifer darf weder der Fotograf noch das Modell Lebewesen berühren – sie könnten zerstört werden

Mikroskopisch kleine Korallenpolypen sind die Erbauer gigantische Bauwerke. Diese Hirnkoralle hat gute 2 m Durchmesser und ist über 800 Jahre alt

– das Saumriff
– das Barriereriff
– das Atoll
– das Plattformriff

Alle genannten Rifformen kann man in der Karibik antreffen, wobei die Saumriffe am häufigsten vorkommen. Eine karibische Spezialität ist das sogenannte Bankriff, eigentlich ein Plattformriff, welches keine Plattform ausgebildet hat.
Im Nordosten der Karibik liegen die Bahamas, genauer ausgedrückt die große und die kleine Bahamabank. Hierbei handelt es sich um ein fossiles Riffplateau, das an einigen Stellen aus dem Wasser ragt und so Inseln – eben die Bahamas – bildet.
Kuba, südwestlicher gelegen, ist die größte Insel der Region. Um seine Küsten erstrecken sich auch die größten und ausgedehntesten Korallenriffe. Vor allem im Norden säumen sie die Insel nahtlos. In diesem Zusammenhang sei gleich erwähnt, daß die besten Tauchstellen (und auch die meisten Tauchbasen) im Süden liegen.
Einen Sonderfall in der Karibisch-Westindischen Riffprovinz stellt Jamaika dar. An der Nordküste fällt das Korallenriff steil bis auf 180 m Tiefe ab. Untersuchungen haben ergeben, daß an dieser Stelle die meisten Korallenarten der Karibik zu finden sind.
Der Taucher könnte beim Anblick der enormen Formen- und Farbenvielfalt meinen, die gesamte Karibik sei ein idealer Lebensraum für Korallen. Dem ist aber nicht so, wie beispielsweise die Küstenlinien von Puerto Rico oder Bar-

Diese Hornkorallenart ist häufig im Flachwasser anzutreffen. Ihre Äste bieten allerhand Tieren Schutz und Zuflucht

bados zeigen: Diese sind nahezu frei von Korallen. Immer wieder aufgewühlte Sandmengen, sporadisch auftretende, sedimentreiche Strömungen vom Mississippi und Kälteströmungen vom nordamerikanischen Kontinent verhindern hier wie anderswo jegliches Korallenwachstum.

Diskutiert wird weiterhin, ob die weit nördlich gelegenen Bermudas noch der Karibischen Riffprovinz zuzurechnen sind oder ob sie bereits eine eigene darstellen. Die isolierte Lage im Atlantik hat letztendlich die Entscheidung bewirkt, die Bermudas als eigene Provinz zu betrachten – auch wenn die Inselgruppe keine eigene Riffwelt ausgebildet hat bzw. ausbilden konnte. Die Bermudas liegen viel zu weit nördlich und die Wassertemperatur ist hier deutlich zu niedrig. Förderlich wirkt sich hier der warme Golfstrom aus, der Korallenpolypen und andere Lebewesen im Larvenstadium – in entsprechend warmem Wasser – aus wärmeren Gewässern bis zur Inselgruppe trägt.

In der Karibik finden wir fast ausschließlich Saumriffe. Lediglich vor der Küste von Honduras und Mexiko liegen jeweils zwei Barriereriffe.
Vorweg noch einige Begriffsbestimmungen: Zunächst unterscheiden wir zwischen dem lebenden und dem toten Riffteil. Der älteste Teil des Riffs wird dabei als totes Riff bezeichnet. Das kommt daher, weil die Korallen in diesem Bereich jegliche »Bautätigkeiten« eingestellt haben. Der obere Teil des Riffs, also die der See zugewandte Seite, wird als lebendes Riff bezeichnet – eben weil in diese Richtung die Korallen weiter »vorwuchern«.
Der der Landseite zugewandte Teil des Riffs wird Rückriff genannt, der dem Meer zugewandte Teil bildet den Riffhang. Der Teil des Riffes, welcher nach oben zeigt, wird Riffdach genannt. Weil die Korallen ihre Bautätigkeit von unten, sprich vom Meeresboden aus, beginnen, findet der Taucher dem Riffhang vorgelagert meist größere Korallenblöcke und Korallenstöcke, die der Oberfläche zustreben. Dieser Teil eines Riffs wird Vorriff genannt.

Das sind sie, die Baumeister des Meeres. Nachts filtern sie mit ihren feinen Tentakeln Plankton aus dem Wasser

Saumriffe: Gürtel aus Korallen

Saumriffe, der Name sagt es bereits, säumen die Landmassen gegen das Meer hin. Sie sind der am häufigsten vorkommende Rifftyp.
Während die Längsausdehnung eines Saumriffes mehrere Kilometer betragen kann, bleibt es meist sehr schmal. Schmal heißt, daß die Breite weniger als 80 m beträgt. Das hängt damit zusammen, daß der Meeresboden oft rasch steil abfällt und Korallenwachstum deshalb nicht möglich ist, weil es in größeren Tiefen an Licht fehlt. Korallen brauchen aber, wie bereits erwähnt, Licht für ihr Wachstum.
Ein Saumriff kann aber auch mehrere hundert Meter breit werden. Dies wird immer dann der Fall sein, wenn der Meeresboden flach bis gar nicht abfällt und sich zunächst viele Steinkorallen festsetzen. Steinkorallen sind besonders effektive Riffbildner.

Wie entsteht ein Saumriff?

Ein Riff entsteht meist sehr nah am Ufer. Dort herrschen für die Korallen ideale Lebensbedingungen. Das Wasser ist, bedingt durch den niedrigen Wasserstand, meist etwas wärmer als auf offener See. Die geringe Tiefe läßt auch Algen gut gedeihen, die mit Korallen in Symbiose leben (siehe auch Seite 62).
Trotzdem sind die extremen Flachwasserzonen für das Korallenwachstum eher weniger geeignet. Durch die Gezeiten fällt das Riff immer wieder mal trocken, was sich negativ auswirkt. Auch die zerstörerische Auswirkung der Brandung behagt den kleinen Architekten der Riffe nicht. Ideal für die Saumriffbildung sind also küstennahe Gewässer von 5 bis 10 m Tiefe. Zunächst entsteht ein schmaler Riffsaum. Langsam tasten sich später die Korallen in die tieferen Regionen vor. Das Wachstum wird dabei so gesteuert, daß das Riffdach nicht gegen den Meeresboden hin abfällt. Vielmehr steuern die kleinen Korallentierchen den »Bau« so, daß das Dach immer gleichmäßig tief unter der Wasseroberfläche bleibt. Wenn die Bedingungen günstig sind, wächst das Riff so ständig in Richtung auf das offene Meer. Man muß sich zudem stets vor Augen halten, daß nur die obere, unmitellbar ans Wasser grenzende Schicht des Riffs lebendig ist. Alles was sich darunter befindet, ist längst zu Stein geworden.

Die Inselgruppe der Bahamas ist von ausgedehnten Saumriffen umgeben

Riff und Lagune

Es kommt bisweilen vor, daß der hintere Taiffteil durch die Gewalt von Wind und Wellen zerstört und abgetragen wird. Der hintere Riffteil ist der älteste, der Küste am nächsten gelegene Bereich. Wird dieser abgetragen, entsteht zwischen Riff und Festland eine Lagune. In diesem Fall sprechen wir nicht mehr vom Saumriff, sondern vom einem sogenannten Lagunensaumriff.
Diese Konstellation lieben nichttauchende Touristen. Im flachen, warmen Wasser kann man gemütlich und komfortabel baden. Der meist sandige Meeresboden reflektiert das Sonnenlicht und läßt das Wasser türkisfarben aufscheinen. Wahrlich ein Bild wie aus dem Bilderbuch. Manche Badegäste nutzen das Vorkommen eines Lagunensaumriffs auch zu ausgedehnten Schnorchel-

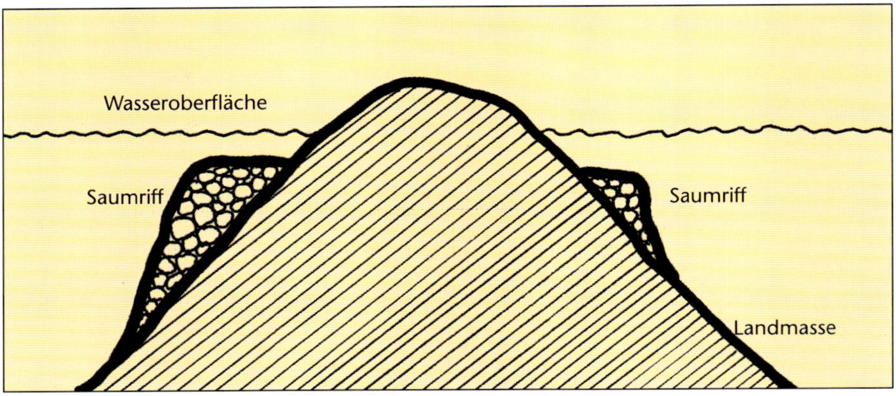

Saumriffe sind unmittelbar der Küste vorgelagert und wachsen in Richtung offenes Meer. Wird der hintere Riffteil abgetragen oder zerstört, entsteht zwischen Riff und Festland eine Lagune

tauchgängen an der dem Land zugewandten Seite des Riffs. Ein Vergnügen, besonders für die Anfänger unter den Schnorchlern. Das Innere der Lagune ist meist frei von Strömungen, der Schnorchler kann auch nicht durch unerwartete Großfischbegegnungen erschreckt werden. Und um die farben- und formenprächtige Flora und Fauna des Meeres zu erleben, müssen auch keine aufwendigen Bootsausfahrten unternommen werden. Selbst der »Nichttaucher« kann so das vielfältige Leben unter Wasser bestaunen, da auch an den Innenseiten der Riffe die typischen Bewohner dieses Lebensraums vorkommen. Beispielsweise die bunten Papageifische, die mit ihrem starken, papageischnabelähnlichen Gebiß selbst kräftige Korallenäste durchbeißen und auffressen können. Oder die kleinen Zitronenfalterfische, die manchmal allein, manchmal auch zu zweit oder zu dritt durch das Riff »flattern«. Wer Glück hat, kann auch eine Muräne erspähen, die sich in ein Korallenloch zurückgezogen hat und dort geschützt den Tag verbringt. In der Karibik wird der Schnorchler vorwiegend auf die Netzmuräne und die Grüne Muräne treffen. Letztere wird oft an die drei Meter lang – eine imposante Erscheinung! Doch trotz ihres respekteinflößenden Äußeren ist sie friedlich und völlig ungefährlich.

Auch Taucher empfinden das Vorhandensein eines Saumriffs meist als Vorteil. So können sie von der Hotelanlage aus, die sie als Urlaubsstandort gewählt haben, immer wieder einmal kurze Tauchgänge unternehmen. Als Vorteilhaft erweist sich das Saumriff dem Urlaubsgast besonders dann, wenn er Zweit- oder Drittauchgänge unternehmen möchte, die nicht so tief wie der Ersttauchgang am Vormittag sein sollen.

Rechts: Fasziniert betrachtet diese Taucherin die Vielfalt des Lebens im Riff. Im Vordergrund: Rutenkorallen

Das Barriereriff: Schutz vor den Naturgewalten

Dem Saumriff eng verwandt ist das Barriereriff. Oftmals kann ein Saumriff soweit von der Landmasse entfernt liegen, daß sich die Experten nicht darüber klar sind, ob es sich um ein Saum- oder Barriereriff handelt. Im Zweifel entscheidet dann die Größe: Barriereriffe sind in der Regel sehr viel breiter und sehr viel länger als Saumriffe.

Taucher im Gegenlicht. Licht ist für das Korallenwachstum von entscheidender Bedeutung

Ein aussagekräftiger Hinweis darauf, ob es sich um ein Saumriff oder um ein Barriereriff handelt, ist die Entstehungsgeschichte eines Riffs. Ein Saumriff bildet sich, wie wir bereits gesehen haben, an der Küste und schiebt sich dann unter Bildung einer Lagune weiter seewärts, wobei die der Seeseite zugewandten Bereiche des Riffs weiterwachsen. Die inneren Teile des Riffs, gewissermaßen das »Fundament«, sterben langsam ab und werden zu Korallengestein. Auch die hinteren alten, dem Land zugewandten Teile im Riff, sind oft abgestorben. Bei den abgestorbenen Riffteilen haben die vereinten Naturgewalten in Form von Wind und Wellen leichtes Spiel und zerschlagen diese rasch. So tastet sich ein Saumriff immer weiter seewärts vor und die dem Land zugewandte Lagune wird stetig breiter. Vereinfacht ausgedrückt: das Saumriff wandert langsam in Richtung offene See.

Ein Barriereriff hingegen befindet sich vom Zeitpunkt seiner Entstehung ab immer an derselben Stelle. Doch natürlich hat sich auch ein Barriereriff entwickelt und unterliegt einer ständigen Veränderung. Das einschneidendste »Erlebnis« im Leben des Barriereriffs war in der Regel eine Hebung oder Senkung des Untergrundes, auf dem sich das Riff befindet.

Viele Barriereriffe haben sich folgendermaßen entwickelt: In einiger Entfernung vor der Küste bildete die Landmasse eine Senke oder ein Tal aus. Zu tief jedenfalls, als daß hier Korallenpolypen gedei-

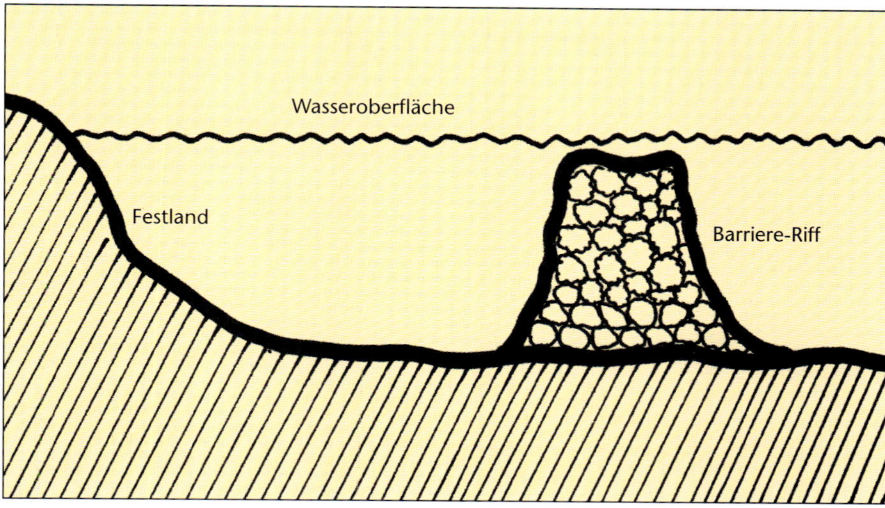

Voraussetzung für die Entstehung eines Barriereriffs sind tektonische Hebungen des Meeresbodens. Barriereriffe entstehen in der Regel in einiger Entfernung von der Küste und erreichen im Gegensatz zu Saumriffen eine beachtliche Größe

hen konnten, da in dieser Wassertiefe das lebensnotwendige Licht fehlt.
Im Laufe der Erdgeschichte hob sich die Senke durch tektonische Kräfte jedoch allmählich empor, näherte sich immer mehr der Wasseroberfläche und wurde zu einem kleinen Hügel. Auf diesem Hügel sind die Bedingungen für Korallenwachstum wesentlich günstiger. Es ist genügend Licht vorhanden, so daß sich die Algen vermehren können. Das Wasser ist nicht mehr so kalt wie beispielsweise unterhalb der 50 m-Grenze. Auch die Bodenstruktur wird sich höchstwahrscheinlich gewandelt haben. Korallen benötigen grundsätzlich einen festen, glatten Untergrund, auf dem sich die Polypen festsetzen können. Sandiger Untergrund ist hierzu prinzipiell ungeeignet.

Erdgeschichtliche Zusammenhänge

Saumriffe bilden sich in vergleichsweise geringen Zeiträumen. Barriereriffe entstehen jedoch über eine wesentlich größere Zeitspanne. Während das Saumriff nur sein eigenes Wachstum vorantreibt, benötigt ein Barriereriff zur Entstehung ganz andere Voraussetzungen. Die Anhebung von Meeresboden ist ein erdgeschichtlicher Vorgang, der sich über hunderttausende von Jahren hinzieht.
Um ganz unwissenschaftlich die Größenordnungen im Vergleich von Barriereriffen und Saumriffen deutlich zu machen: Während eine Lagune und ein Saumriff vielleicht insgesamt 200 – 300 m Breite und einige Kilometer Länge erreichen, kann es ein »ausgewachsenes«

Barriereriff auf Hunderte von Kilometern Länge und eine Breite von mehreren Kilometern bringen.
Übrigens: der Begriff Barriereriff wurde deswegen gewählt, weil Riffe eine wichtige Schutzfunktion wahrnehmen. Während Küsten ohne ein schützendes Korallenriff oft von verheerenden Springfluten heimgesucht werden, haben es die Bewohner einer riffgeschützten Küstenregion leichter. Das Riff mildert die Gewalt des Meeres und verwirbelt die massiv auflaufenden Brecher zu harmloseren kleinen Wellen. Da Barriereriffe diese »Arbeit« schon viele Kilometer vor der Küste »erledigen«, kommt es im eigentlichen Küstenbereich deutlich seltener zu kritischen Ereignissen.
Obwohl der Insel Bonaire beispielsweise keine Barriereriffe vorgelagert sind, hatten die Menschen dort mehrfach Erlebnisse, die ihr Verhältnis und ihre Einstellung zur Umwelt schlagartig veränderten. Vor wenigen Jahren suchte beispielsweise ein schwerer Sturm die ABC-Inseln heim. Dabei stellte sich heraus, daß lediglich all jene Küstenregionen besonders schwer betroffen waren, bei denen durch offensichtlichen Raubbau an der Natur das der Insel vorgelagerte Saumriff schwer beschädigt war. Andere Küstenstriche, deren Saumriff sich noch intakt zeigte, blieben hingegen weitgehend verschont. An dieser Stelle sei ein Vergleich mit unseren Breiten erlaubt: Die Natur hat das Unterholz aus Büschen und Hecken nicht umsonst angelegt, denn dies verwirbelt die Kraft des Windes in viele kleine unwirksame Luftströmungen. Die großen Bäume hinter dem Unterholz bleiben so geschützt. Ohne Unterholz kein Schutz!

Links:
Auf diesem Korallenast hat sich eine Seescheidenkolonie niedergelassen. Im Hintergrund Hornkorallen, unten Röhrenschwämme

Unten:
Auch Schwämme, wie dieser Röhrenschwamm vorne links, zählen zu den typischen Riffbewohnern

Das Plattformriff: Riffe auf offener See

Plattformriffe wachsen sowohl in der Länge als auch in der Breite, und zwar nach allen Seiten. Das unterscheidet sie von allen bis jetzt vorgestellten Riffen. Denn Saumriffe und Barriereriffe bewegen sich nur seewärts vorwärts. Vorweg: Da es in der Karibik keine Plattformriffe gibt, beschränken wir uns hier der Vollständigkeit halber auf eine sehr kurze und einfache Darstellung dieses Rifftyps. Wir finden Plattformriffe hauptsächlich im südlichen Ausläufer des großen Barriereriffs in Australien. Die Besonderheit, wir haben es bereits erwähnt, liegt darin, daß ein Plattformriff auf beiden Seiten sowohl in die Länge als auch in die Breite wächst.
Ein Plattformriff kann auch im freien Wasser gedeihen, wenn nur der Untergrund nahe genug an der Oberfläche ist. Wieder sei der Vergleich mit dem Saumriff genannt. Ein Saumriff ist immer an Land gebunden. Da Korallen an der Luft nicht gedeihen, stellt die Landmasse eine natürliche Grenze dar. Anders das Plattformriff. Ein wenig gleicht es hier dem Atoll. Hier sei eine stark vereinfachende Bemerkung erlaubt: Ein Plattformriff ist von allem etwas: Ein Atoll ohne Lagune und Einbruch von Landmassen, ein Saumriff ohne Land und ein Barriereriff ohne seine gewaltigen Ausmaße. Ein Plattformriff bildet meist eine ovale Form aus, es kann von wenigen Metern bis zu mehreren Kilometern Durchmesser groß werden.
Doch wo es sich auch befindet und wie es auch immer aussieht, stets ist es, wie andere intakte Korallenriffe auch, von einer üppigen Flora und Fauna besiedelt und umgeben. Natürlich ist die Art der Besiedlung standortabhängig. Während in Landnähe ein Plattformriff von Lebewesen bevölkert wird, die Licht, Sauerstoff und Düngung brauchen, so wird die Besiedlung im tieferen Wasser völlig anders aussehen.

Plattformriffe können in alle Richtungen wachsen - sowohl in die Breite als auch in die Länge. Einzige Voraussetzung für das Wachstum ist, daß der Meeresgrund nicht zu tief liegt

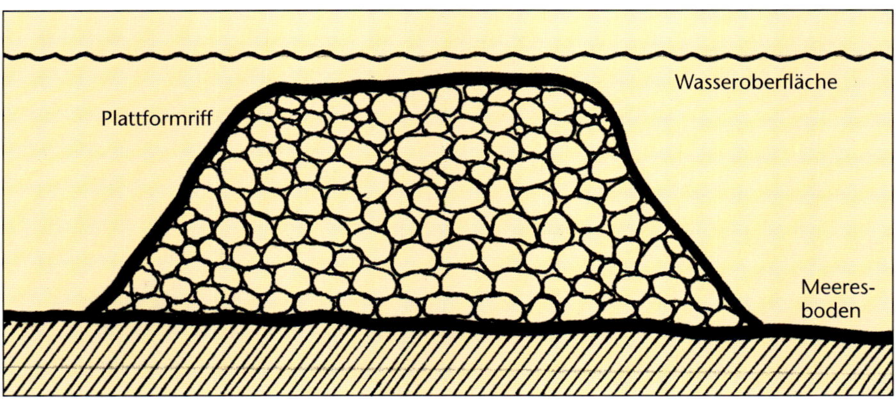

»Das Blue Hole« von Belize wird oft mit einem Atoll verwechselt, ist aber keines. Blue Holes werden geologisch zu den Höhlen gerechnet

Die Atolle: Südseeromantik pur

Beim Atoll handelt es sich um den wohl komplexesten Rifftyp überhaupt. An dieser Stelle seien Atolle aber nur der Vollständigkeit halber erwähnt, denn in der Karibik gibt es nur eines vor der Küste Costa Ricas. Gleichwohl stellen die Atolle die Rifftypen dar, die uns am meisten begeistern. Gehäuft treten sie in der Südsee auf. Aber auch im Indischen Ozean, hier vor allem im Staatsgebiet der Malediven, treffen wir auf zahlreiche Atolle.

Abgesehen davon, daß es sich hier um den kompliziertesten Rifftyp überhaupt handelt, stellt das Atoll für uns Taucher den Inbegriff des Korallenriffs schlechthin dar – und dies nicht nur in biologischer Hinsicht. Auch durch seine Entstehung ist es überaus interessant.

Anlaß zu vielen Theorien

Viele große Geister haben sich mit dem Atoll beschäftigt. Als einer der ersten entwickelte Darwin seine Atoll-Theorie. Danach entstehen Atolle derart, daß ein unterseeisch gewachsener Berg, »der über die Wasseroberfläche hinausragt und von einem Saumriff umgeben ist, in seinen zentral gelegenen Gebieten einbricht«. Auf dem so entstehenden Krater siedeln sich Rundkorallen an. Penck und Daly griffen diese Theorie später auf,

Oftmals haben die Korallen im Riff Durchgänge, Tunnels oder Höhlen gebildet. Für uns Taucher ist hier äußerste Vorsicht geboten

modifizierten aber die von Darwin aufgestellte Regel.
Ausgangspunkt war – wie auch schon bei Darwin - ein unterseeischer Berg, der mit seiner Spitze über die Wasseroberfläche hinausragt. Dieser ist von einem Saumriff umgeben. Im Zuge einer Eiszeit sinkt sowohl der Meeresspiegel als auch der Berg ab. Dabei wird das Saumriff zerstört, aber kurz nach der Eiszeit, bei noch niedrigem Wasserspiegel, neu gebildet. Nach Ende der Eiszeit beginnt der Wasserspiegel wieder langsam anzusteigen. Parallel dazu wächst das Saumriff. Immer nach der Wasseroberfläche strebend, erhöht es ständig sein Niveau. Da das Riff rund um den Berg schon immer bestand, hat dieses Saumriff einen Wachstumsvorsprung gegenüber den Teilen im Innern des mittlerweile kraterförmig ausgebildeten, voreiszeitlichen Berges. Wenn das Riff die Wasseroberfläche erreicht hat, ist ein Atoll entstanden.

Entdeckungen an Innen- und Außenriff

Diese Theorien können an dieser Stelle natürlich nur sehr vereinfacht dargestellt werden. Sie beschreiben außerdem auch nur die Ansicht verschiedener Experten. Wie Atolle denn tatsächlich entstanden sind, wird wohl nie ganz zufriedenstellend geklärt werden können, da sich die hierfür notwendigen Zeiträume jeder menschlichen Beobachtung entziehen. Tatsache ist, daß die interessantesten und erregendsten Tauchgänge im Gebiet und in unmittelbarer Nähe von Atollen stattfinden.

Atolle können von recht unterschiedlicher Größe sein. Auf den Malediven erreichen die im Korallenkranz liegenden Lagunen Größen von über 2000 km^2 Fläche. Gleichfalls auf den Malediven existieren aber auch Atolle, die nur kleine innere Lagunenflächen aufweisen.

Voraussetzung für die Entstehung sowohl eines Saumriffs als auch eines Barriereriffs ist die Nähe einer festen Landmasse. Dies ist bei einem Atoll nicht der Fall. Ein Atoll kann sich auch inmitten der Hochsee ausbilden. Als Beispiel sei das Minerva-Riff genannt, das mitten in der Südsee liegt. Keine Insel deutet auf das Atoll hin. Schiffe, die es besuchen wollen, sind auf eine exakte Navigation angewiesen. Was auf den ersten Blick als unkomfortabel erscheinen muß, erweist sich auf den zweiten Blick als nützlich. Die fehlende Landmarke schützte das Riff weitgehend vor Zerstörung. Eine flache, traumhafte Lagune bietet alles, was Rang und Namen hat: Fledermausfische, die durch glasklares Wasser zu schweben scheinen; Muränen, die scheinbar aggressiv aus ihren Löchern geifern; hier und da ein Rochen, der sich im flachen Wasser auf Korallengestein niedergelassen hat und dazwischen Fischschwärme verschiedenster Arten.

Auf der seewärts gewandten Seite des Riffs bietet sich dagegen ein gänzlich anderes Bild. Hier finden wir vor allem Großfische, die die Nähe des Riffs suchen, um leichte Beute zu machen. So der Barrakuda, auf dessen gut sortierter Speisekarte Weichtiere, Fische und Wirbellose zu finden sind. Ab und zu torkelt eine Schildkröte vorbei. Wer Glück hat, trifft auch auf Delphine, Rochen und Haie.

Entstehung eines Atolls um einen absinkenden Vulkankegel im Meer: Ein Vulkan oder Berg, der über die Wasseroberfläche ragt, ist von einem Saumriff umgeben. Der zentrale Kegel sinkt ab, parallel dazu wächst das Saumriff und erhöht ständig sein Niveau. Da die Saumriffe einen Wachstumsvorsprung gegenüber dem zentralen Teil haben, bildet sich im Inneren des Riffkranzes ein wassergefüllter Krater, die Lagune, aus

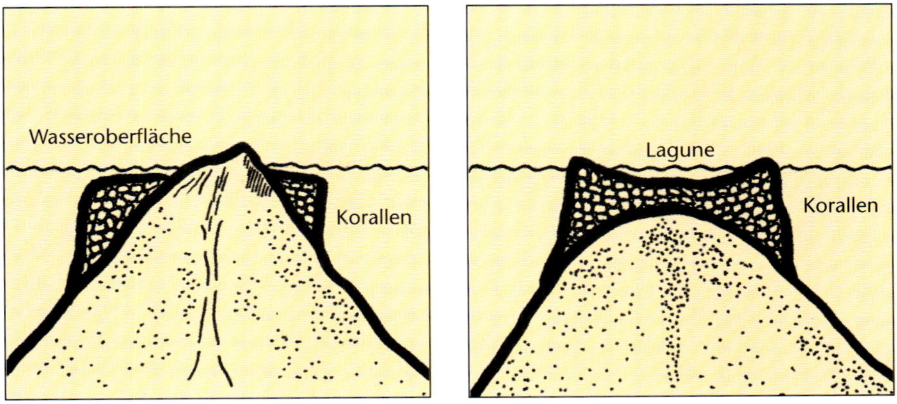

Ökologie der Korallenriffe

Wie Großstädte, so bieten auch Korallenriffe zahlreichen verschiedenen Lebewesen Wohnung und Heimstatt: mikroskopisch kleinen Mikroorganismen und riesigen Fischen; friedlichen Kleinfischen und großen, gefräßigen Räubern; buntschillernden Kreaturen und »grauen Eminenzen«. Dabei ist das Prinzip von Fressen und Gefressenwerden, von Symbiose und Schmarotzerei so ausgeglichen, daß ein empfindliches, ausbalanciertes Ökosystem entstanden ist.
Korallenriffe sind, neben den tropischen Regenwäldern, die artenreichsten Biotope unserer Erde. Wissenschaftler schätzen, daß wir erst 30 % bis 40 % aller im tropischen Regenwald vorkommenden Arten kennen. Der Rest ist wegen der verwirrenden Vielfalt nur schwer zu entdecken. Die Lebewesen der Korallenriffe sind hingegen noch weniger erforscht. Schätzungsweise nur etwa 10 % aller Arten, die dort tatsächlich leben, sind bekannt.

Die Geschichte der Erforschung

Weltweit gibt es alleine vom Anemonenfisch, der gut geschützt in Symbiose zwischen nesselnden Seeanemonen lebt, unzählige Arten. Solche, die beispielsweise nur im Roten Meer vorkommen, andere nur in der Karibik und

Steinkorallen bilden die Grundlage für die Besiedlung des Riffs durch unzählige Lebewesen

… so beispielsweise für diesen Christmastree-Wurm, der mit seinen Tentakeln Plankton filtriert

wieder andere, die nur auf den Malediven anzutreffen sind. Und noch immer entdecken aufmerksame Biologen neue Anemonenfischearten. An diesem Beispiel sehen wir schon, wie unerschöpflich der Artenreichtum eines Korallenriffs sein kann.

Erst gegen Ende des vorletzten Jahrhunderts begann man mit der professionellen Erforschung der Korallenriffe. Es war die Zeit vor der industriellen Revolution, eine Periode, die den Forscherdrang auf allen Gebieten der Naturwissenschaften beflügelte. Während man unter der Wasseroberfläche früher allerhand »grausige Lebewesen«, Drachen und Seeungeheuer vermutete, ging man um die Wende vom 18. zum 19. Jahrhundert sehr viel pragmatischer an die Sache heran. Es war der deutsche Naturwissenschaftler Johann Reinhold Forster, der 1772 mit James Cook in den Pazifik segelte. Er stellte erste Forschungen an einem Korallenriff an. Forster erkannte, daß eine Koralle zum Gedeihen Wärme und Licht benötigt. Er war es auch, der entdeckte, daß Korallen keine Pflanzen, sondern Tiere sind. Die riffbildenden Korallenpolypen nannte er »Riffwürmer«.

Rund 50 Jahre später reiste Darwin im Rahmen einer wissenschaftlichen Expedition mit dem Vermessungsschiff »Beagle« um die Welt. In der Südsee stellte Darwin u.a. seine berühmte, jedoch auch umstrittene und später modifizierte Atolltheorie auf (siehe dazu auch oben).

Friedfische wie dieser Französische Engelsfisch weiden auf den Korallenstöcken Algen ab

Die Tauchpioniere

Indes, Korallenriffe sind keine Rohstoffe im wirtschaftlichen Sinne, sie stellen keine allzu üppigen und vor allem industriell nutzbaren Nahrungsquellen dar und so kam es, daß sich lediglich einige Spezialisten unter den Meeresbiologen dem Phänomen Korallenriff widmeten. Richtig ins Bewußtsein traten uns die biologischen Zusammenhänge in einem Riff erst nach dem Krieg. Es waren vor allem die beiden Tauchpioniere Hans Hass und Jacques Cousteau, die das Publikum durch ihre populären Unterwasserfilme aufmerksam machten. Hans Hass war es auch, der dem Tauchsport zu seinem großen Durchbruch verhalf. Nach ersten Versuchen in Griechenland und Südfrankreich bewegte er sich erstmals auf Curaçao und Bonaire zwischen Korallen und Haien. Seither erlebte der Tauchsport einen Boom sondergleichen. Zählte man noch in den 70er Jahren in ganz Deutschland etwa 10000 Taucher, so legen heute 80000 – 100000 Taucher jährlich ihre Prüfung ab.

Wie wenig man sich dem Leben in den Riffen widmete, zeigt auch, daß man sich mit drei bis vier Standardwerken begnügen mußte, wenn man einen Korallenfisch bestimmen wollte. Heute bieten verschiedene Verlage eine Vielzahl von Fischführern an.

Die Biologie der Riffbildung

Grundlage des blühenden, ja wuchernden Lebens in einem Riff ist die Riffbildung durch Steinkorallen. Sie sind die effektivsten Riffbildner, da sie am schnellsten wachsen können. Junge Polypen setzen sich am Untergrund fest und scheiden zur Unterlage hin eine Kalkscheibe ab. Diese Streifen wachsen durch ständige Kalkbildung in die Höhe und bildet so ein stabiles Skelett, auf dem der Weichkörper aufsitzt. Alle Polypen geben während ihres Lebens Kalk ab, und so entstehen im Laufe der Zeit riesige Stöcke, die Grundlage der Korallenriffe. Die Wachstumsgeschwindigkeit einer Steinkoralle beträgt pro Jahr etwa 0,5-3 cm

Die Produktion derartiger Kalkmengen ist nur möglich, weil die Korallenpolypen eine Symbiose mit einer Alge eingegangen sind, die im Inneren, genauer gesagt in den Zellen der äußeren Körperschicht des Polypen leben. Man nennt dieses Phänomen Endosymbiose.

Wie entsteht nun der Kalk? Im Meerwasser liegt Kalk in einem labilen Lösungsgleichgewicht zwischen Calciumhydrogencarbonat und Calciumcarbonat vor und wird in dieser Form von den

Polypen aufgenommen. Durch die Aktivität eines Enzyms der Algen, der Carboanhydrase, wird das Gleichgewicht gestört und Hydrogencarbonat zerfällt zu Wasser und Kohlendioxid. Da die Zooxanthellen im Zug der Photosynthese CO_2 verbrauchen, nimmt der Anteil an Hydrogencarbonat immer mehr ab und Kalk in Form von Calciumcarbonat fällt aus. Als chemische Formel geschrieben, stellt sich der Sachverhalt wie auf der nächsten Seite gezeigt dar.

Worin liegt nun aber der Vorteil der Symbiose für die Algen? Der Polyp ist mit ihrer Hilfe in der Lage, ein Skelett aufzubauen, das den Körper stabilisiert und bezieht zudem von den Algen im Zug der Photosynthese gebildete organische Verbindungen und Sauerstoff. Die Vorteile für die Algen scheinen auf den ersten Blick nicht so klar. Sie leben aber geschützt im Inneren des Polypen und werden von diesem auch mit anorganischen Nährstoffen wie Phosphor- und Stickstoffverbindungen versorgt.

Überlebensstrategien im Riff

An einem karibischen Riff könnte der Kreislauf von Werden und Vergehen, von Fressen und Gefressenwerden unge-

Unten: Ausgeklügelte Überlebensstrategien helfen schwachen, kleinen Fischen über die Runden. Diese Art bildet beispielsweise Schulen, im Schwarm ist das einzelne Exemplar besser geschützt

$$Ca(HCO_3)_2 \leftrightarrow CaCO_3 + H_2CO_3$$

$$H_2CO_3 \rightarrow H_2 + CO_2$$

Im Meerwasser liegt Kalk in einem labilen Gleichgewichtszustand vor. Durch die Aktivität der Algenenzyme und die Photosynthese werden dem Gleichgewicht Hydrogencarbonat und Kohlendioxid entzogen, Kalciumcarbonat fällt aus.

fähr folgendermaßen aussehen: Das Korallenriff zieht die in der Karibik häufig vorkommenden Papageifische an, die absterbende Korallenpolypen verzehren und entstehende Algen abweiden. Papageifische sind die Nahrung der großen Grünen Muräne, die dämmerungsaktiv ist und versucht, sich ihre Brocken zu schnappen. Verschwindet die Muräne nicht sofort nach einem gelungenen Beutezug wieder in ihrem Versteck, so

Gefahr droht von Raubfischen, wie beispielsweise diesem Barrakuda

läuft sie Gefahr, einem noch größeren Räuber als Beute zu dienen, beispielsweise den in der Karibik häufig vorkommenden Grauen Riffhaien oder den Zitronenhaien. Riffhaie wiederum können den noch größeren Hochseehaien zum Opfer fallen. Neben dieser relativ einfachen und geradlinig verlaufenden Nahrungskette gibt es jedoch auch Großlebewesen, die sich »nicht an die Spielregel halten« und sich direkt von Kleinstlebewesen ernähren. Stellvertretend für diese seien beispielsweise die Wale genannt, die mit ihren gewaltigen Barten Plankton aus dem Wasser fischen. Daneben haben sich eine Reihe von Zweckgemeinschaften gebildet. Beispielsweise Fische, die sich bei Gefahr in den Schutz einer Wirtspflanze oder eines Wirtstieres begeben. Im Gegenzug für diese »Dienstleistung« revanchiert sich der Fisch durch seine pure Anwesenheit damit, daß er zum Nahrungsaufkommen des Wirtes beiträgt.

Ein anderes Beispiel sind die vielen Putzerstationen in einem Riff. Kleine Putzerfischer gehen nicht wie andere auf aktive Nahrungssuche, sondern leben in Begleitung von Raubfischen wie Barschen und Muränen. Diese öffnen ein- oder mehrmals am Tag ihre gefräßigen Mäuler, die Putzerfische schwimmen hinein und befreien den Mund- und Rachenraum von Essensresten. Die Vorteile liegen klar auf der Hand: Die Putzerfische finden ihre Nahrung, die Raubfische tun etwas für ihre Zahnhygiene. Neben diesen sogenannten vollsymbiotischen Verhältnissen gibt es auch halbsymbiotische Beziehungen. Ein Beispiel ist der Trompetenfisch, der sich oft größeren Raubfischen anschließt. Der Trompetenfisch ist ein schlauer Räuber.

Die Nahrungskette schließt sich, denn auf der Speisekarte des Hais ist auch der Barrakuda zu finden. Wie der Hai ist auch der Mensch ein sogenannter »Spitzenräuber« am Ende der Kette

Er schwimmt völlig synchron über oder neben seinem »Jagdgefährten« einher. Auf diese Art und Weise nähert er sich unbemerkt seinem Opfer. Ist er nahe genug, dann ist seine Stunde gekommen. Blitzschnell verläßt er die Seite seines Begleiters und schnappt sich die Beute. Daß es der Begleiter manchmal auf das gleiche Opfer abgesehen hat, ist ihm egal. Trotzdem zieht auch ein derart ausgenutzter Fisch vom Trompetenfisch manchmal Vorteile. Zieht sich der Trompetenfisch nämlich in das Geäst der Korallen zurück, so weiß der andere Fisch, daß Gefahr droht, und er kann sich ebenfalls in Sicherheit bringen.

Tarnen und Täuschen

Den ausgefeilten Strategien der Raubfische haben die »Opfer« ebenso ausgefeilte Strategien wie die Mimikri entgegengesetzt. Bei manchen Fischen sind beispielsweise die Augen mit Ringen umgeben. Am Schwanzende befindet sich ein ähnlicher Ring. Kommt ein Räuber in die Nähe, dreht sich der Fisch nicht dem Räuber zu, sondern zeigt ihm seine Flanke. Für den Angreifer entsteht nun den Eindruck, als habe er keinen kleinen Fisch, sondern den Kopf eines viel größeren Fisches vor sich – ein Gegner, der eventuell sogar stärker sein könnte als er selbst.

Ein andere Methode des Schutzes ist die Tarnung. Rochen zum Beispiel graben sich in den Sand – und sind damit unsichtbar.

Der Steinfisch, ebenfalls perfekt getarnt, ist außerdem mit einem starken Giftstachel bewehrt. Er ist aber auch ein geschickter Jäger: Kommt ein kleiner Fisch in seine Nähe, reißt er einfach sein riesiges Maul auf. Durch den entstehenden Unterdruck wird der unvorsichtige Winzling einfach eingesogen.

Das Gegenteil symbiontischer Partnerschaften sind Lebensgemeinschaften, von denen nur ein Partner einen Vorteil hat. Sogenannten Schmarotzern begegnen wir in Korallenriffen häufig. Beispielsweise den vielen Parasiten, die sich auf Fischen niederlassen und deren Stoffwechsel anzapfen oder Seepocken, die sich an Walen anheften, um so ihr Nahrungsangebot zu optimieren.

Bei alldem dürfen wir nicht vergessen, daß das Korallenriff ein durchaus empfindliches Ökosystem ist. Selbstverständlich für uns Taucher, daß wir nichts berühren. Jede Berührung einer Koralle verletzt deren empfindlichen Schleimschutz. Damit haben Parasiten dann die Möglichkeit, sich an dieser Stelle festzusetzen. Die Koralle wird geschädigt. Zu umweltgerechtem Tauchen gehört auch, daß wir uns im Riff perfekt tarieren. Bei aller Vorsicht: meistens reicht die pure Anwesenheit von Tauchern aus, um ein Korallenriff zu schädigen. Denn durch unsere Flossenbewegungen wirbeln wir zahlreiche Mikroorganismen und Sandkörner auf, die nachher auf die Korallen niedersinken und ihnen Licht und Sauerstoffzufuhr nehmen. Zu dieser Thematik erfahren Sie mehr im Kapitel »Umweltgerecht Tauchen«.

Wracks als künstliche Riffe: Basis für vielfältiges Leben.

Wohl jeder Taucher ist begeistert von der Vielfalt der Arten und der Fülle des Lebens, die sich ihm an einem Wrack bieten. Schon wenige Wochen nach dem Untergang eines Schiffes oder dem Absturz eines Flugzeuges haben erste Organismen das Wrack besetzt: Algen und Muscheln an der Außenseite, Hummer und Raubfische im Innern. Auch Friedfische, die die Umgebung durchstreifen, werden es aufsuchen. Denn die vielen Ecken und Kanten, Nischen und Räume bieten gute Verstecke. Langsam erobert die Natur das Wrack.

Wenn ein Wrack im flachen und warmen Wasser liegt, kann es sich innerhalb nur weniger Jahre voll in seine Umgebung einfügen. Nur an Aufbauten oder der Reling erkennen wir dann noch, daß dieses »Riff« eigentlich ein künstliches ist. Da Algen Licht brauchen, siedeln sie sich nur an, wenn das Wrack weit genug oben liegt. Später folgen die Schwämme. Das Korallenwachstum braucht länger, doch wenn die Bedingungen günstig sind, finden auch sie schnell ihren Platz. Während sich Fische zunächst nur vorübergehend im frisch gesunkenen Schiff aufhalten, bleiben sie für immer, wenn das Wrack bewachsen ist.

In der Karibik bieten vor allem die Wracks von »Superior Producer«, »Antilla« und »California« anschauliche Beispiele für Wracks als »künstliche Riffe«.

Ein Wrack ist ein wahres Paradies für Raubtiere. In den Hohlräumen hausen Krebse und Hummer. Auch Muränen zieht es hierher. Auf der Suche nach Beute ziehen diese Tiere vor allem nachts über das Wrack hinweg.

Von Menschenhand versenkt

So gewaltig ist die Anziehungskraft eines Wracks bzw. eines künstlichen Riffs für uns Taucher, daß einige Feriendestinationen in der Karibik (und nicht nur dort) dazu übergegangen sind, Schiffe künstlich zu versenken. Da Mineralien das Korallenwachstum extrem fördern, scheut man sich nicht, ein künstlich versenktes Schiff unter Strom zu setzen, damit das Metall Mineralien freisetzt. Auf die Art gedeihen Korallen, Schwämme und Algen besonders gut.

Die Besonderheit bzw. der »Vorteil« solcher künstlichen Riffe: Auf Sand können Korallen nicht gedeihen. Es bedarf immer einer harten Unterlage wie beispielsweise Fels, um das Wachstum zu fördern. Deswegen werden Schiffe besonders gerne auf sandigem Grund versenkt. Hier bietet es den nötigen Untergrund, um die gewünschte Bereicherung des Sandes zu erzielen. Daß diese Kulisse danach Fische und andere Riffbewohner anzieht, ist selbstverständlich.

Oben: Gesunkene Schiffe bilden den Untergrund für neues Korallenwachstum. Hier »Theo's Wreck«, ein 70-m-Frachter, der oberhalb einer fantastischen Steilwand liegt

Unten: Schon nach kurzer Zeit präsentierte sich die Schraube des Wracks als farbenfrohe Kulisse submaritinen Lebens

Nacht im Riff: Fressen und gefressen werden.

Viele Riffbewohner sind nicht ausschließlich tagaktiv, vielmehr gibt es in jedem Korallenriff eine richtiggehende »Nachtschicht«.

Die Dämmerungs- und Nachtstunden sind vor allem die Stunden der Raubtiere. Friedfische hingegen verbringen die dunklen und für sie gefährlichen Stunden geschützt in Spalten und Höhlen.

Nachtaktive Räuber sind zum Beispiel die Zackenbarsche. Sie stehen tagsüber eher behäbig an ihren Plätzen. Nachts gehen sie jedoch auf Patrouille. Uner-

Tarnkünstler im Riff: Trompetenfische schlafen teils kopfunten zwischen den Armen der Fingerschwämme. Nur geübte Augen spüren sie hier auf

müdlich suchen sie das Riff dabei nach Nahrung ab. Gleiches gilt auch für die Aale und Aalartigen. Auch Muränen sind nachts dabei anzutreffen, wie sie unruhig das Riff durchstreifen. Die in der Karibik vorkommende Grüne Muräne wird übrigens bis zu 3 m lang und 30 kg schwer. Sie ist somit eines der größten Raubtiere in den Korallenriffen der Karibik. Die Kleine Netzmuräne ist zwar wesentlich kleiner, doch auch sie kann es immerhin auf 80 cm Länge bringen.

Natürlich halten Muränen nicht dem Vergleich mit Haien stand. Nachts trifft man in der Karibik vor allem zwei Haiarten, den Karibikhai und den Zitronenhai. Lange Zeit hat man das Sehvermögen von Haien unterschätzt und ihre ausgezeichnete Fähigkeit, Beutetiere aufzuspüren, dem Seitenlinien-Organ zugeschrieben. Neuere Forschungen belegen aber, daß manche Haie durchaus über ein ausgezeichnetes Sehvermögen verfügen. Die Voraussetzung für Sehen ist natürlich, daß genügend Licht vorhanden ist. Nachtaktive Arten verfügen deshalb naturgemäß über einen besseren Geruchs- bzw. Spürsinn. Den gefährlichsten Haiarten, dem Tiger-, Mako-, oder Weißen Hai, wird der Taucher in einem Riff kaum begegnen. Sie leben fast ausschließlich in den Tiefen der Hochsee.

Strategien helfen überleben

Der ständigen Bedrohung durch Freßfeinde müssen Friedfische natürlich mit ausgefeilten Überlebensstrategien begegnen. Bedenken sollte man, daß nicht nur Haie und Muränen Beute jagen, sondern auch weniger »spektakuläre« Tiere wie Tintenfische, Tarpune, Trompetenfische oder Rochen. Selbst der putzige Füsilier wird kleineren Tieren zur tödlichen Gefahr. Es wundert daher nicht, daß diese verblüffende Techniken und ausgefeilte Strategien entwickelt haben, um im täglichen Daseinskampf zu überleben. Viele Fischarten verziehen sich einfach in enge Spalten. Hier warten sie die Nacht ab und kommen erst am anderen Morgen wieder zum Vorschein. Andere bewegen sich ausschließlich im Schwarm. Kommt ein Räuber auf sie zu, so »sprinten« sie förmlich auseinander. Das zuvor homogene Ziel löst sich plötzlich in viele kleine Einzelziele auf, was den Räuber verwirrt und wertvolle Sekunden zur Flucht schafft.

Die wohl ausgeklügeltste Überlebensstrategie hat wohl der Papageifisch entwickelt. Er bewegt sich in der Dämmerung an eine geschützte Stelle im Riff, legt sich dort nieder und produziert eine gallertartige Flüssigkeit, die er in der Art eines Kokons um sich spinnt. Er ist damit für Raubfische quasi unsichtbar.

Taucher, die in der Karibik nachts die Riffe betauchen, werden hier noch eine Vielzahl anderer Entdeckungen machen können, so beispielsweise die kleinen Seepferdchen, die sich in Algen und Schwämmen verstecken.

Auch für Fotografen bietet die Nacht einige Vorteile. Während sich der Trompetenfisch tagsüber beispielsweise nur schwer ablichten läßt, driftet er in den dunklen Stunden träge in der Strömung daher. Da gelingen oft sogar »Schnappschüsse« mit dem Makrorahmen einer Sucherkamera.

Auf eines sollte noch hingewiesen werden. Da Taucher nachts Lampen einsetzen, die mit ihrem scharfem Lichtstrahl das dunkle Wasser durch-

Solche Aufnahmen gelingen am besten nachts. Tausende glänzender Fischleiber blitzen im Schein der Lampe auf

schneiden, werden sie natürlich auch von Raubfischen verfolgt. Unbemerkt folgen sie uns, bis im Lichtstrahl der Lampe ein unvorsichtiges Opfer auftaucht. Dann schießen sie plötzlich und mit hoher Geschwindigkeit auf die geblendete Beute zu – das heißt, in unseren Lampenstrahl hinein –, und ehe wir uns von unserem Schrecken erholt haben, verläßt der Räuber mit gefülltem Magen schon wieder das Blickfeld. Ein beindruckendes Erlebnis, auch wenn einem bei der ersten Begegnung dieser Art der Schreck gehörig in die Knochen fährt.

Korrekt taucht, wer am Ankerseil oder einer separat verlegten Leine auf- und abtaucht

Umwelt: Nichts beschädigen!

In den letzten Jahren ist das Schlagwort vom umweltgerechten Tauchen immer mehr in den Vordergrund getreten. Während man früher die Lebewesen eines Riffs hemmungslos angefaßt, sich auf Korallen abgestützt oder Fische gar harpuniert hat, hat sich in den letzten Jahren das Bewußtsein in dieser Richtung stark gewandelt.

Vor allem die Unterwasser-Fotografen waren es, die vor einigen Jahren in den Mittelpunkt der Kritik geraten sind. Um ein lohnendes Motiv auf Film zu bannen, hat man sich hemmungslos in Korallen verkeilt, sich überbleit am Boden niedergelassen oder sich in Seegras oder Korallen festgekrallt. All diese Praktiken sind heute verpönt. Einige Tauchschulen auf Bonaire bieten inzwischen beispielsweise sogar für ihre Besucher vor den eigentlichen Tauchgängen einen kostenlosen »Tarier-Tauchgang« an.

In diesen Kurzkursen bringen sie dem Tauchgast noch einmal das korrekte Tarieren bei:

- Trage stets eine Tarierweste
- Tauche nie überbleit
- Tauche so, daß du beim Einatmen steigst, beim Ausatmen sinkst

Die Bequemlichkeit vieler Taucher fördert in der Tat folgendes Verhalten:

Da es ziemlich anstrengend ist, gegen einen Auftrieb anzuschwimmen, hängen wir uns einfach einige Blei mehr an den Gürtel. Es zieht uns Richtung Grund und wir brauchen nur noch mit unseren Flossenspitzen »leicht« aufzutippen, um uns durchs Riff zu bewegen. Jedes Auftippen zerstört jedoch Lebewesen. Die logische Folge ist, daß wir uns die Mühe machen müssen, uns korrekt zu tarieren. So schweben wir ohne Auf- oder Abtrieb im Wasser. Das Berühren von Korallen wird hinfällig.

Auch Kameras austarieren!

Auch wer einem Hobby unter Wasser nachgeht – hier denken wir vor allem an das Fotografieren – sollte sich über die richtige Ausstattung seines Hilfsmaterials im klaren sein. Eine korrekt austarierte Fotoausrüstung hilft ebenfalls, ein Riff zu schützen.

Ein eigenes Kapitel ist das Ab- und Auftauchen. Dies geschieht immer am Ankerseil oder an einer separat verlegten Leine. Sich einfach nur ins Wasser plumpsen und absinken zu lassen, tut der Umwelt nicht gut.

Ein äußerst wichtiger Punkt sind auch abstehende Ausrüstungsgegenstände oder herunterhängende Schläuche. Meistens achten wir auf diese »Extremitäten« nicht. Folglich verheddern wir uns mit dem Schnorchel in Algen, Schwämmen oder Korallen, streifen mit unserer klotzigen Instrumenten-Konsole über den Untergrund oder donnern mit unseren schweren Flaschen gegen die Felsen. All das ist nicht geeignet, die Umwelt zu schützen.

Wer sorgfältig seinen Betrachtungswinkel wählt, nachdem er ein interessantes Lebewesen entdeckt hat, handelt ebenfalls umweltfreundlich. Oft bedarf es nur weniger Zentimeter, um seinen Körper an eine nicht bewachsene Stelle des Riffs zu bewegen.

Korrektes Tarieren gilt auch oder besonders für den engagierten Unterwasserfotografen

Sonderfall Strömung: Hier nutzt weder exaktes Tarieren noch Festhalten an einer nicht gewachsenen Stelle. Vielmehr kommt es hier darauf an, dem Wasserdruck die geringst möglichen Widerstände entgegenzusetzen. Tauchen, in Strömungsrichtung schafft Abhilfe

Leben im Meer

Dieser Reiseführer soll Ihnen nicht nur die wichtigsten und schönsten Tauchplätze der westlichen Karibik zeigen, er soll auch die wichtigsten und schönsten Lebewesen vorstellen, die in diesen Gewässern anzutreffen sind. Allerdings: Ersatz für einen »richtigen« biologischen Führer und Bestimmungsbuch kann und soll dieses Buch nicht sein. Hierzu finden Sie im Anhang unter »Weiterführende Literatur« Hinweise auf entsprechende Fachliteratur.

Doch die Lebewesen, die Sie während eines Tauchgangs in der Karibik am häufigsten sehen können, finden Sie auf den nach folgenden Seiten kurz beschrieben. Auch wenn die Artenvielfalt der Indopazifischen Riffplatte ungleich höher sein soll, als die der Atlantischen Riffplatte, gibt es hier genug zu sehen und zu bestaunen. Tausende Pflanzen und Tierarten besiedeln die Riffe der Karibik, und wer vor Kuba, Mexiko, Belize oder den ABC-Inseln ins Meer steigt, wird mit Sicherheit überwältigt sein von den kaum zu fassenden Eindrücken, die das jeweilige Riff bietet.

Die Erdoberfläche ist mit 71 % zu fast dreiviertel mit Wasser bedeckt. Schätzungsweise 22000 Fischarten leben in den Weltmeeren, von der Zahl der Wirbellosen ganz zu schweigen. Die Fische haben sich im Laufe ihrer stammesgeschichtlichen Entwicklung in nterschiedlichster Art und Weise an den Lebensraum Wasser angepaßt. Haie und Rochen, die Selachii, zählen zu den primitiven Fischarten, da sie im Gegensatz zu den Knochenfischen, Osteichthyes, kein verknöchertes, sondern ein Knorpelskelett haben. Die Knochenfische gliedern sich in drei Hauptgruppen, die Strahlenflosser, die Lungenfische und die Quastenflosser, wobei letztere mit nur einer Art vertreten sind.

Die Knochenfische sind zweifellos die erfolgreichste Gruppe. Durch ihre enorme Anpassungsfähigkeit an den Lebensraum Meer haben sie alle Lebensbereiche erobert und kommen von der Tiefsee über die Freiwasserregion bis hin zu den seichten Küstengewässern überall vor. Zur Anpassung an die jeweiligen Verhältnisse haben sie oft erstaunliche Überlebensstrategien entwickelt. Als Beispiel seien nur die Leuchtorgane der Tiefseefische genannt.

Wenn wir uns Raubtiere vorstellen, denken wir zunächst an Tiger oder Haie, also die großen, kraftvollen Räuber. Aber hätten Sie gedacht, daß auch Schnecken oder Federsterne nichts anderes sind als Räuber? Sie sitzen zwar fest oder bewegen sich nur langsam, trotzdem erbeuten sie andere Tiere. Aber wir begegnen auch vielen Pflanzenfressern, die sich mit dem Abweiden von z. B. Algenwiesen begnügen.

Im Freiwasserbereich treffen wir die Rastlosen, die »Tramps der Meere«. Hier ziehen sie, immer auf der Suche nach Nahrung, durch das offene Meer. Die Begegnung mit diesen »Königen der Meere« gehört zum Aufregendsten, was Tauchgänge in der Karibik zu bieten haben. Ob »große Sache« oder »beschauliche Welt im Kleinen« – erfreuen Sie sich an den Begegnungen im Riff!

Oben:
Karibischer Riffhai oder Bullenhai? Beide Arten sind sich zum Verwechseln ähnlich. Man unterscheidet sie anhand der unterschiedliche Zeichnung der Schwanzflosse. Der Karibische Riffhai weist eine dunkle Färbung des Flossensaums auf, der Bullenhai hat jedoch keine dunklen Ränder. Außerdem ist seine Schnauze abgerundet bis stumpf. Beide können auch in Flachwasserzonen angetroffen werden

Mitte:
Der Karibik-Schwarzspitzenhai wird bis zu 2,50 m lang. Die dunklen Streifen verlieren sich im fortgeschrittenen Alter. Zur Freude der Unterwasserfotografen findet man ihn oft küstennah in großen Schwärmen auftretend. Das Bild entstand an der »Shark Junction« vor Grand Bahama (UNEXSO)

Unten:
Auch auf Sand findet sich Interessantes, wie beispielsweise dieser Karibik-Ammenhai. Er wird bis zu 4 m lang und ernährt sich von Kleintieren. Eine Unart bei Tauchern ist, ihn am Schwanz zu ziehen, wovon dringend abgeraten wird. Denn obwohl eher harmlos, kann er auch ernsthafte Verletzungen zufügen, wenn er belästigt wird

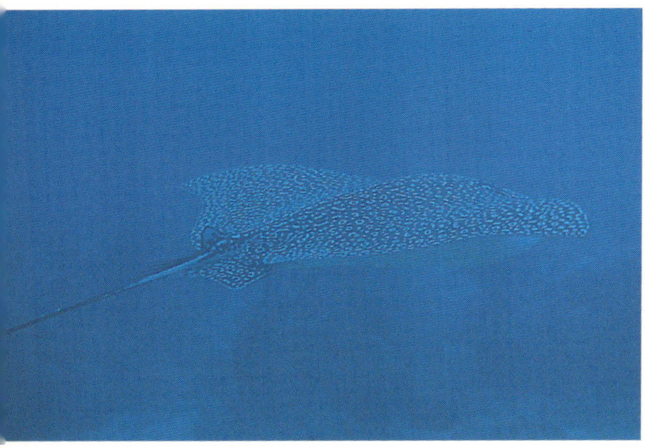

Oben:
Enge Verwandte der Haie sind die Rochen, die ebenfalls zu den Knorpelfischen gerechnet werden. Dieser Jamaika-Stechrochen ist gerade dabei, sich im Sandgrund einzugraben. Die Tarnung ist nahezu perfekt. Er wird bis zu 80 cm groß. Seine wirksamste Waffe ist der Giftstachel

Mitte:
Ein Adlerrochen verschwindet im unendlichen Blau des Meeres. Seine Spannweite kann über 2 m erreichen. Ab und zu wird er in Gruppen angetroffen. Seine Lieblingsspeise sind Krebse und Muscheln

Unten:
Ein Bewohner von Sand- oder Schlammgrund ist der Eidechsenfisch. Die häufigste Art ist der Sandtaucher. Eidechsenfische werden bis zu 50 cm lang. Sie lauern bewegungslos im Sand eingegraben auf Beute, zu der kleine Fische und Weichtiere zählen

Rechts: Ein typischer Bewohner der Korallenriffe der Karibik ist die Grüne Muräne. Sie wird auch häufig in Wracks angetroffen. Die Räuber sind nachtaktiv, ein wichtiges Sinnesorgan ist dabei die Nase. Die Grüne Muräne ist trotz ihrer gewaltigen Ausmaße harmlos. Der Fisch wird bis zu 3 m lang und 30 kg schwer

Unten: Als intelligente Räuber des Riffs erweisen sich die Trompetenfische. Gut getarnt lauern sie zwischen Korallenstöcken, um dann blitzartig hervorzustoßen. Eine andere Jagdmethode ist das »Reiten« anderer Fische. So kommen sie unbemerkt an ihre Opfer heran. Wie die Oktopusse, können sie durch Kontraktion von Hautzellen ihre Färbung ändern

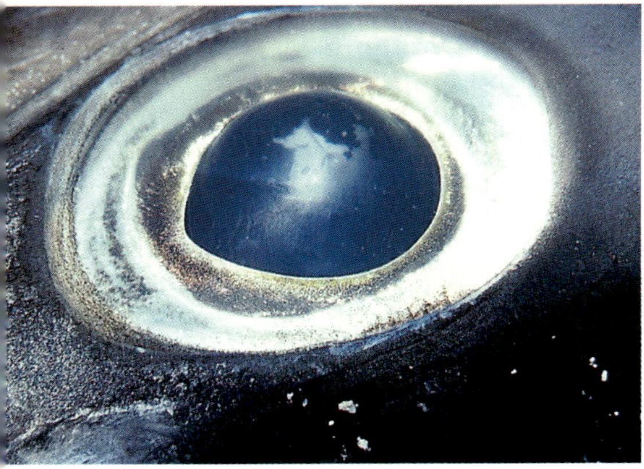

Oben rechts:
Große Augen und eine ausgeprägte Rückenflosse kennzeichnen Soldaten- und Husarenfische. Die kleinen Räuber sind dämmerungsaktiv und werden bis zu 30 cm lang. Zur Familie gehören außerdem Langstrahlhusar, Gemeiner Husar, Dunkler Husar, Riffhusar und Gelber Husar

Links:
In der Karibik sind drei Barrakudaarten heimisch. Taucher sollten den großen Exemplaren mit Respekt begegnen. Diese Art wird knapp 2 m lang. Die kleinen Arten ziehen in Schwärmen durchs Riff und sind als harmlos einzustufen. Die torpedogleichen Räuber jagen alleine (oft Einzelgänger) und ernähren sich von Fischen jeder Art. Das messerscharfe Gebiß hilft beim Erlegen der Beute ebenso, wie ein hervorragendes Auge beim Aufspüren dienlich ist

Rechts:
Ein häufiger Tauchbegleiter in den Riffen der Karibik ist der Nassau-Zackenbarsch (Grooper). Der dämmerungsaktive Fisch jagt bevorzugt andere Fische, Krebse und Weichtiere. Grooper werden bis zu 1,50 m lang und knapp 30 kg schwer. Wir treffen ihn in Höhlen und um Wracks an

Oben:
Der Nassau-Zackenbarsch bevorzugt Tiefen zwischen einem und 35 m. Leider wird er oft angefüttert, sein Verhalten Tauchern gegenüber ist dementsprechend aufdringlich. Umgekehrt wird ihm seine Zutraulichkeit oft zum Verhängnis: besonders bei Einheimischen ist er ein beliebter Speisefisch

Mitte:
Etwa 40 cm lang wird der Karibik-Juwelenbarsch. Bei Tauchgängen treffen wir ihn häufig. Er ist leicht an seiner auffallenden Färbung und den beiden dunklen Punkten an der Schwanzwurzel zu erkennen. Drei Farbvarianten sind vorhanden: Rot, Rot-Weiß und leuchtend Gelb

Unten:
Eine andere Zackenbarschart ist der Tiger-Zackenbarsch. Er wird nur etwa 1 m groß. Auffallend ist seine Streifung, die ihm auch den Namen gab. Er bewohnt gerne die Riffdächer der Korallenlandschaften. Tauchern gegenüber verhält er sich eher scheu

Oben links:
Zu den auffallenden Riffbewohnern gehört der prächtig gefärbte Feenbarsch. In kleinen Gruppen oder einzeln stehen die knapp 10 cm großen Fischchen auf Riffdächern, in Höhlen und Spalten und schnappen nach Kleinstlebewesen im Wasser

Oben rechts:
Wer den Seifenfisch (Soapfisch) oder Seifenbarsch zum erstenmal sieht, könnte meinen, einem toten Fisch zu begegnen. Denn man trifft diesen etwa 35 cm großen Fisch oft seitlich auf dem Grund oder zwischen Korallen liegend. Zum Schutz vor Fressfeinden produziert er in seiner Haut das giftige Grammistin. Dieses Sekret kann so stark sein, daß Aquarienfreunde diesen Fisch nie in ihr Becken setzen würden, da es sogar die anderen Fische töten kann

Unten:
Der räuberische Schnapper, hier ein Schulmeisterschnapper (Schoolmastersnapper), frißt Krebse und andere Fische. Wir erkennen ihn an den gelben Flossen. Der Schnapper ist jedoch auch seinerseits als Beute begehrt – er ist der wichtigste Speisefisch in der Karibik. Der Schnapper lebt gerne in der Nähe von Geweihkorallen und Gorgonen

Oben:
Aufregung im Riff: Diese Gelbschwanz-Schnapper (Yellow-Tail-Snapper) interessieren sich stark für den Tauchguide, denn dieser hat Brot mit nach unten genommen. Bald wurden die bis zu 75 cm großen Tiere so aufdringlich, daß der Taucher seine Ohren schützen mußte. Gelbschwanz-Schnapper jagen in der Dämmerung bevorzugt im freien Wasser

Links:
Zwei auf einen Streich: Diese beiden Grunzer (Grunt) streifen unruhig durchs Riff. Vorne der Weiße Grunzer, der bis zu 45 cm lang wird. Hinten begleitet ihn ein Blaustreifengrunzer. Grunzer heißen die Fische, weil sie mit ihren Schlundzähnen und der Schwimmblase grunzende Laute erzeugen können. Grunzer haben ein ausgeprägtes Territorialverhalten

Oben:
Der Virginia- oder Schweinsgrunzer (Porkfish). Der hochrückige Fisch gehört zu den größeren Grunzerarten. Er wird bis zu 40 cm lang und kommt in Tiefen bis zu 30 m vor. Manchmal treffen wir den Schweinsgrunzer alleine an, dann wieder in großen Gruppen

Mitte:
Der Gepunktete Ritterfisch wird im englischen Sprachraum auch »Spottet Drumfish« genannt. Seinen Namen hat er bekommen, weil er mit Muskeln an der Schwimmblasenwand Töne erzeugt, die an Trommeln erinnern. Der Gepunktete Ritterfisch ist ein Einzelgänger, er jagt nachts Krebse und Garnelen

Unten:
Französische Grunzer (French Grunt) treffen wir oft in großen Schulen an Felsen oder in der Nähe von Korallenriffen. Sie bevorzugen Standplätze im Flachwasser nahe Geweihkorallen. Sie werden bis zu 30 cm lang. Franzosen-Grunzer erkennen wir an den unterhalb der Seitenlinie verlaufenden, diagonalen Seitensteifen

Oben:
Geselliger gibt sich der Spatenfisch (Spadefish). Ihn treffen wir ausschließlich in Schulen bis zu mehreren hundert Fischen. 500 Tiere in einem Schwarm sind keine Seltenheit. Der Spatenfisch wird bis zu 90 cm groß und ernährt sich auch von Quallen

Mitte:
Treue Ehepaare sind die »Bended Butterfly-Fishes«, die Gestreiften Falterfische, denn sie leben mit ihrem Partner in Dauerehe. Manchmal leben sie auch alleine. Falterfische sind tagaktiv, nachts ruhen sie zwischen Korallen. Die meisten von ihnen leben räuberisch, fressen Korallenpolypen und kleine Krebstiere

Unten:
In Tiefen von 2 bis 20 m treffen wir auf den zutraulichen Vieraugen-Falterfisch. Er wird bis zu 15 cm groß. Es handelt sich bei diesem Tier um die häufigste Falterfischart der Karibik. Auf seinem Speisezettel stehen auch Seescheiden und Krustenanemonen

Kaiserfische, auch Angelfishes, sind kleine bis mittelgroße Fische. Die Männchen legen ein ausgeprägtes Territorialverhalten an den Tag. Ihr Revier kann bis zu 1 000 m² groß sein. Sie umgeben sich außerdem mit mehreren »Haremsdamen«

Oben:
Franzosenkaiser (French Angel). Ihn treffen wir fast ausschließlich paarweise an. Er hat eine schwarze Grundfarbe, die Schuppen sind jedoch golden gerändert. Der Franzosenkaiser ernährt sich von Schwämmen und Algen, häufig auch von Hornkorallen

Mitte:
Grauer Kaiserfisch, Grey Angel. Den farblosen Gesellen erkennt man an der gelben Brustflosse und dem weißen Maul. Ansonsten ist der Fisch unauffällig grau gefärbt. Er wird bis zu 50 cm groß

Unten:
Der Dreifarbenkaiser (Rock Beauty). Seine Färbung ist Schwarz-Gelb mit roten, manchmal orangen Flossenrändern. Als kleinerer Engelfisch wird er höchstens 20 cm groß. Er knabbert gerne an Schwämmen

Oben rechts:
Der Gelbschwanz-Riffbarsch (Yellowtail-Damselfish), hier die Jugendform, ist einer der häufigsten Riffbewohner der Karibik. In Tiefen bis zu 30 m fühlt er sich am wohlsten. Er wird auch Juwelen-Riffbarsch genannt, wohl wegen seiner metallisch-blauen Punkte auf dem Rücken

Mitte rechts:
Junge Spanische Schweinsfische (Spanish Hogfish) betätigen sich gerne als Putzer. Später legt der bis zu 40 cm groß werdende Fisch lange Strecken im Riff zurück. Er jagt bevorzugt Krebstiere, Mollusken und Seeigel

Unten rechts:
Einer der auffälligsten Riffbewohner ist der Papageifisch. Er verdankt seinen Namen sowohl der auffallenden Färbung als auch seinem schnabelartigen Gebiss. Der Papageifisch (Parrotfish) ist ein Friedfisch. Er weidet Korallen oder Algenwiesen ab. Mit dem kräftigen Gebiss beißen sie selbst dickere Äste von Steinkorallen mühelos durch. Besonderheit: Nachts hüllt er sich in einen gallertartigen Sack, der verhindert, daß Freßfeinde ihn riechen können. Taucher sollten ihn dann nicht berühren, da diese Berührung den Schleimschutz beschädigt

Linke Seite:
Blaustirn- oder Diademkaiserifisch (Queen-Angel). Er ist zweifellos der schönste unter den Kaiserfischen. Seine Schönheit jedoch läßt er nicht jedermann sehen – er ist sehr scheu. Man trifft ihn einzeln oder paarweise, Jungfische betätigen sich als Putzer

Oben: Den Doktorfisch, der im englischen Sprachraum ebenfalls so genannt wird, trifft man oft gemeinsam mit Papageifischen an. Seinen Namen verdankt er zwei scharfen »Skalpellen« an der Schwanzbasis. Diese Messer fügen den Angreifern schwere Verletzungen zu. Im Bild zu sehen: Der Blaue Doktorfisch, der sich ausschließlich von Pflanzen ernährt

Mitte: Mit Drückerfischen sollte man vorsichtig umgehen. Die Brutpflege wird bei dieser Art vom Männchen wahrgenommen, das ziemlich aggressiv auf Eindringlinge reagieren kann. Seine Jagdmethode ist originell: Mit einem Wasserstrahl bläßt der Fisch Seeigel aus dem Sand frei, die er später dank seines scharfen Gebisses mühelos knackt. Unser Bild zeigt den Königinnen-Drücker, der 60 cm lang wird

Unten: Ein naher Verwandter des Drückerfisches ist der Feilenfisch (Filefish). Er kommt nicht nur in der Karibik vor, sondern ist in allen tropischenn Meeren zuhause. Der Fisch, der bis zu einem Meter lang werden kann, hat einen abwechslungsreichen Speiseplan: Seescheiden, Anemonen, Weichkorallen, Seegras und Algen. Er wird oft paarweise angetroffen

Rechts: Wahre Tarnkünstler im Riff sind die Oktopusse. Unser Fotomodell hier hat sich in eine schützende Felsspalte zurückgezogen und die Farbe der Umgebung angenommen. Dies geschieht über eine Kontraktion der Haut. Dem Fotografen gelang eine eindrucksvolle Aufnahme des Auges, das mit dem Auge einer Ziege verglichen werden kann

Unten links: Igelfische oder Balloon-Fishes sind dick und haben keine Schuppen. Ihre Überebenstrategie ist denkbar einfach: Naht ein Feind, so bähen sie sich mit Wasser zu einer Kugel auf – wobei sich die zahlreichen Stacheln zusätzlich zur Gegenwehr aufstellen. Speziell in Japan werden die giftigen Fische als Delikatesse angeboten, wobei der Koch jahrelang die richtige Zubereitung erlernen muß. Trotzdem gibt es in Japan jährlich mehrere hundert Tote durch Igelfisch-Vergiftung

Unten rechts: Kofferfische sind gepanzerte Fische. Ihr Panzer besteht aus umgewandelten Schuppen. Der Nachteil der Panzerunng liegt jedoch in der Fortbewegung. Nur noch die Flossen sind beweglich, der Körper bleibt beim Schwimmen starr. Auch Kofferfische blasen ihre Opfer, kleine Garnelen, frei. Außerdem fressen sie Gorgonen und Schwämme. Sie werden bis zu 50 cm lang

Oben: Korallenkrabben werden bis zu 20 cm groß. Mit ihren kräftigen Zangen knacken sie Seeigel und Muscheln, um sie zu verspeisen. Korallenkrabben sind nachtaktiv, tagsüber verstecken sie sich im Labyrinth des Riffs

Mitte: Die abgebildete gigantische Languste wurde vor Kuba fotografiert. Langusten werden bis zu 60 cm groß. Die nachtaktiven Räuber verstecken sich tagsüber in Spalten, in denen sie sich regelrecht verkeilen. Taucher sollten es unterlassen, sie an ihren Antennen zu ziehen. Oberste Devise für uns Taucher: Beobachten, aber nicht anfassen

Unten: Fotografenglück: Diese auffällig gefärbten Krabben trifft man selten. Wenn, dann wird man nachts fündig. Dieser »gepanzerte Meeresritter« mit der leopardenähnlichen Zeichnung flüchtete aus dem Scheinwerferlicht

Linke Seite: Des Menschen liebtstes Meerestier ist der Delphin. In den letzten Jahren hat sich ein regelrechter Delphintourismus entwickelt, was für die Tiere eher schädlich ist. Die intelligenten Säuger sind wohl deshalb so beliebt, weil sie stets zu lächeln scheinen

Unten links: Häufig im Sand vor Korallenriffen anzutreffen sind die großen Conch-Schnecken. Sie gelten als Delikatesse und werden roh mit Zitrone gewürzt gegessen. Verantwortungsvolle Taucher entsagen dem Genuß und dem Erwerb der Gehäuse– aus Umweltgründen

Oben links:
Putzergarnelen, im Englischen Barber Shrimp, sorgen für die Hygiene im Riff. An fest angelegten Putzerstationen lassen sich ansonsten gefräßige Räuber friedlich Mund und Kiemenöffnungen von Parasiten befreien. Auf unserem Bild hat die Putzergarnele die Taucherin für einen »Kunden« gehalten. Putzerganelen treffen wir auch vereinzelt zwischen den Tentakeln von Anemonen, mit denen sie in Symbiose leben

Oben rechts:
Gespensterkrabben drängeln sich oft zuhauf in engen Verstecken. Schutz suchen sie ebenfalls in den Stacheln der Seeigel. Die filigranen Schönheiten ähneln eher Spinnen als Krabben, weshalb sich einige Taucher vor ihnen ekeln

Rechts:
Zu den farbenprächtigen Erscheinungen eines karibischen Riffs gehören diese Flamingozungen, eine Schneckenart. Gemächlich streichen sie über Korallen und Schwämme, die sie bei dieser Gelegenheit von Algen abweiden

Mitte und unten:
Wenn das Riff in blau, lila, weiß, gelb und rosarot »blüht«, haben die Weihnachtsbaum-Würmer ihre Tentakeln ausgefahren. Sie ernähren sich von Plankton, das sie sich mit ihren Tentakeln aus dem Wasser fischen. Wir finden sie oft in bunt arrangierten Gruppen auf Stein- und Hirnkorallen. Bei der geringsten Veränderung der Umwelt (Licht, Strömung, Atemblasen der Taucher) ziehen sie sich in ihre Höhlen zurück (oben links). Auch die »großen Brüder« des Weihnachtsbaumwurms (unten) fangen sich Plankton aus dem Wasser. Sie leben manchmal in Gruppen zusammen, manchmal einzeln

Links:
Bizarre Oberflächenstruktur einer Großen Hirnkoralle (Giant Brain Coral) bei Tag. Die Korallenpolypen, die eigentlichen Tiere eines Korallenstocks, haben sich zurückgezogen. Ihre Stunde kommt wieder, wenn die Dämmerung hereinbricht. Dann holen sie sich ihre Nahrung, das Plankton, aus dem Wasser

Unten links:
Eine weitere Nahaufnahme zeigt einen Ausschnitt der pinkfarbenen Fächerkoralle. Auch diese Gorgonie besteht aus einzelnen Polypen, die sich ihr Skelett in Fächerform gebaut haben. Sie stehen immer quer in der Strömung, um so das Nahrungsangebot reichhaltiger gestalten zu können. Vorsicht: Obwohl auch diese Korallenart robust gebaut ist, berühren wir sie nicht

Unten rechts:
Diese Aufnahme zeigt einen Korallenzweig der Blumenkoralle (Flowercoral). Am Zweigende erkennen wir den ovalen Korallenkelch

Oben links: Säulen- oder Kathedralenkorallen kommen seltener vor. Sie erreichen oft 1,50 m Höhe und beeindrucken durch die säulenartigen Stämme, die der Oberfläche zustreben. Zwischen den Armen halten sich oft kleine Fische auf und Krebstierchen suchen hier Schutz in den engen Spalten

Oben rechts, kleine Bilder: Bei den Hornkorallen findet man unterschiedlichste Wuchsformen. Sie entfalten sich bürstenfömig, federförmig, strauchförmig oder fächerförmig. Biologen sagen, daß sie Wachstumskünstler seien. Diese Korallenart charakterisiert die Riffteile zwischen 2 und 15 m

Unten links: Auch Gorgonen gehören zu den Hornkorallen. Weil sie ihre Äste schlangenartig verteilt, wie eben ein Gorgonenhaupt, benannte man sie nach dieser furchteinflößenden Figur der griechischen Mythologie

Oben:
Während giftige Meerestiere ihre »Waffe« normalerweise durch auffällige Färbung kundtun, sind Feuerkorallen unauffällig braun (nicht rot!) gefärbt. Bei Berührung ritzt die rauhe Struktur der Oberfläche die Haut, in die die Nesselkapseln ihr Gift abgeben

Mitte:
Eine andere Art von Feuerkorallen sind die Netzfeuerkorallen. Diese stehen oft in Gruppen quer zur Strömung, um ihre Plankton-Nahrung aus dem Wasser zu filtern. Diese Feuerkorallen trifft man nicht nur in der Karibik, sondern auch häufig im Roten Meer

Unten:
Oasen im Ozean: So sehen intakte karibische Riffe aus. Zwar erreichen sie nicht ganz die Farbenpracht der Riffe des Indopazifik, in puncto Artenreichtum stehen sie diesen jedoch in Nichts nach

Oben links: Filter der See: Auch Schwämme sind keine Pflanzen, sondern niedere, vielzellige Tiere. Sie sind dank ihrer riesigen Oberfläche in der Lage, täglich mehrere tausend Liter Seewasser zu filtrieren. Ihre Ausbeute: Sauerstoff und Plankton

Oben rechts: Auch den Braunen Zylinderschwamm trifft der Taucher häufig in karibischen Gewässern an. Acht bis zehn Zylinder in einer Gruppe sind keine Seltenheit. Deutlich erkennbar sind die vielen kleinen Öffnungen, die die Oberfläche so riesig machen

Unten rechts: Der wohl typischste Vertreter karibischer Schwämme ist der Vasenschwamm. Wir treffen ihn mal als graues, mal als gelbes Exemplar an. Ein Vasenschwamm kommt selten allein. Er steht immer in Gruppen, senkrecht formiert, im Riff. Um gedeihen zu können, benötigt er Sonne. Aus diesem Grund findet sich diese Art nie in Höhlen oder unter Überhängen

Linke Seite:
Oben links: Makroaufnahme eines flächenbildenden Schwammgebildes. Der Schwamm wird von feinen Kanälen durchzogen, in denen kleinste Kragengeißelzellen sitzen. Diese filtern Plankton und Sauerstoff aus dem Wasserstrom. Das Wasser tritt an den großen Öffnungen der Schwämme wieder aus

Oben rechts: Der große Gelbgrüne Riesenschwamm. Im Unterschied zu den Vasenschwämmen wird er oft an der Decke von Höhleneingängen oder unter Riffdächern angetroffen, er liebt es also eher dunkel. Außerdem bevorzugt er strömungsreiche Standplätze und wird hier oft zusammen mit Gorgonen angetroffen. Diese Art wird bis zu 1 m groß

Unten links: Nur wenige Zentimeter mißt dieser Vertreter der Familie der Schwämme. Der Körperbau ist jedoch derselbe. Festigkeit erhält das Tier durch feine Skelettnadeln aus Kalk oder Silikat. Die oft messerscharfen Skelettnadeln schützen die Tiere auch vor Freßfeinden; lediglich einige Schneckenarten haben sich auf Schwammnahrung spezialisiert

Unten rechts: Schwammformation aus dem Bilderbuch. Die Öffnungen der Röhrenschwämme bieten vielen Lebewesen Schutz vor Feinden am Tag und in der Nacht

Rechte Seite:
Oben: Diese pinkfarbenen Vasenschwämme finden wir vorwiegend im tiefen Wasser. Neben der Färbung ist auch die warzenförmige Oberfläche ein Erkennungsmerkmal. Die Wasseraustrittsöffnungen sind stark ausgefranst

Mitte: Der Becherschwamm ist leicht an den übergroßen Austrittsöffnungen zu erkennen

Unten: Der Rote Feuerschwamm verursacht bei Berührung Juckreiz und die Verletzung schwillt an. Am wirkungsvollsten behandeln wir die Wunden mit Essig. Rote Feuerschwämme werden bis zu 30 cm groß

Tauchgebiete in der Karibik

Aruba

Aruba ist mit Abstand eines der beliebtesten Reiseziele in der Karibik. Insbesondere die US-Amerikaner haben die Insel als Urlaubsort für sich entdeckt. Laut Auskunft des Tourismusministeriums verzeichnen die örtlichen Hotels rund eine halbe Million Übernachtungen pro Jahr. Rund 10 % davon, also etwa 250 000, sind Taucher. Laut Statistik verbringen knapp 70 % bereits zum zweiten- oder drittenmal ihren Urlaub auf Aruba. Das widerlegt natürlich eindrucksvoll die Behauptung, Arubas Tauchgründe gehörten nicht unbedingt zu den Top-Zielen der Karibik.

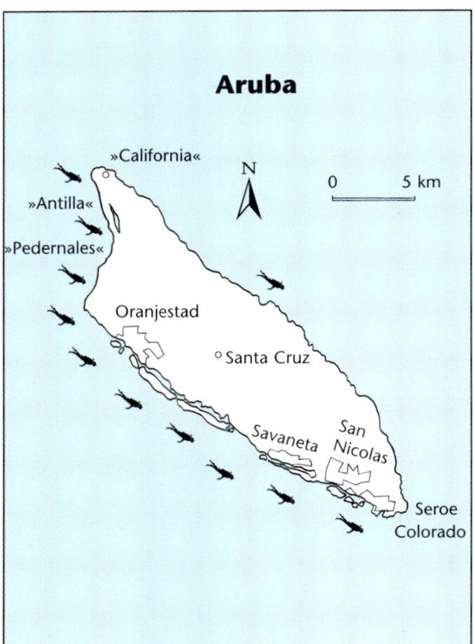

Allgemeines

Aruba wurde im Jahr 1499 von Alonso de Ojeda entdeckt. Er gab dem Eiland den namen Oro Uba, zu Deutsch »Es gibt Gold«. Hier war wohl der Wunsch der Vater des Gedanken, denn Gold wurde auf Aruba erst im 19. Jahrhundert gefunden, aber in so kleinen Mengen, daß sich ein Abbau nicht lohnt. Trotzdem löste der Fund einen Zuwanderungsboom aus. Da die Spanier seinerzeit kein Gold fanden, hielten sie sich an der Urbevölkerung, den Arawaks und Kariben, schadlos: Sie verschleppten tausende Indios und ließen sie in den Erzminen Hispaniolas Zwangsarbeit leisten.

1634 erobern die Holländer Aruba. Sie finden heraus, daß die Indianer hervorragende Viehzüchter sind. Fortan blieb ihnen das Los der Zwangsarbeit erspart, Aruba entwickelt sich zu einem Zentrum der Viehzucht.

Eine Besonderheit der Geschichte Arubas ist, daß Peter Stuyvesant 1643 Gouverner der Insel wird. Er gründet später an der Ostküste Nordamerikas New York.

Das moderne Aruba

Das heutige Aruba verfügt, wie wir später auch bei Bonaire und Curaçao sehen werden, über eine Reihe hervorragender Hotels. Fast jedem Hotel ist eine Tauchbasis angegliedert. Getaucht wird hier nach amerikanischem Muster. Dekotauchgänge sind also verpönt und ein

Tauchen im Flachwasser, beliebt als zweiter Tauchgang des Tages. Hier eine Taucherin mit einer Fächerkoralle

Tauchgang, der über die 20-Meter-Marke hinausgeht, ist ein Tieftauchgang.
Seit 1925 leben die Bewohner Arubas in erster Linie vom Tourismus und von der Arbeit in Ölraffinerien. In den Raffinerien wird kein eigenes Öl verarbeitet, sondern das des nahegelegenen Venezuela. Die venezuelanische Küste ist nur etwa 60 km entfernt, nach Caracas sind es lediglich 40 Flugminuten. Daher ist es nicht erstaunlich, daß man in den Hotels zahlreiches venezuelanisches Personal trifft.
Aruba ist 23 km lang und an seiner breitesten Stelle 8 km breit. Die Bevölkerungszahl beträgt 17000. Fast alle Menschen arbeiten in den Touristenhotels oder im Servicebereich der zahlreichen Restaurants und Shopping-Center in Oranjestad oder St. Niclaas. Die Inselhauptstadt Oranjestad mutet ein wenig wie Disneyland an. Kürzlich wurde ein Einkaufszentrum eröffnet, dessen Baustil stark an die Pracht einer orientalischen Stadt aus 1001 Nacht erinnert. Der Geschmack richtet sich eben völlig nach dem der amerikanischen Touristen.
Auch die ortsansässigen Tauchschulen haben sich den Amerikanern weitgehend angepaßt. Die Sicherheitsstandards sind hoch, manchmal sogar eher übertrieben hoch. Wer beispielsweise seine Bescheinigung über den erfolgreichen Abschluß eines Tauchkurses da-

heim vergessen hat, hat keine Chance, auch nur einen Fuß ins Wasser zu setzen. Während an anderen Orten ein Checktauchgang Aufklärung bringt, heißt es auf Aruba: »Sorry – no dive«! Auch sollte während eines Tauchurlaubes sicherheitshalber ein ärztliches Attest mitgeführt werden.
Tauchen um Aruba bedeutet in erster Linie eines: Wracktauchen. Mit den Wracks der »California« und »Antilla« liegen hier zwei der größten betauchbaren Schiffe im gesamten karibischen Raum auf dem Meeresgrund. Das Interessanteste ist jedoch, daß jedes Wrack für sich eine ganz besondere Geschichte oder eine typische Begebenheit aufzuweisen hat, die es aus der Reihe anderer Schiffswracks hervorhebt.

»California«

Die »California« lief vor über 100 Jahren vom Stapel. Traurige Berühmtheit erlangte dieses Schiff durch den Untergang der »Titanic«. Sie soll dem Ozeanriesen am nächsten gewesen sein, den Notruf zwar erhalten, jedoch nicht darauf reagiert haben. Lange Zeit war der Kapitän der »California« deshalb in Schiffahrtskreisen geächtet – bis sich der Irrtum aufklärte: Es war nicht die »California« sondern die »Californian«, die in die Affäre um die »Titanic« verwickelt war.
Wie dem auch sei, heute bietet der Tauchplatz um die »California« so ziemlich alles, was zu einem erlebnisreichen Unterwasserausflug gehört. Das Wrack

Impressionen von Arubas berühmten Stränden

liegt zwar nur 10 bis 15 m tief, ist aber für Anfänger nicht geeignet. Auch konditionsschwache fortgeschrittene Taucher sollten wegen der oft starken Strömung auf Distanz bleiben. Das Wrack liegt auf der nördlichen Seite der Insel. Diese ist die dem Wetter, das heißt den Passatwinden, zugewandte Seite. So erklären sich die Strömungsverhältnisse.
Gerade wegen dieser Strömung sind die Tauchgänge hier aber besonders erlebnisreich. Viele Großfische schwimmen im Freiwasser vorbei. Wer Glück hat, trifft auch auf Delphine. Rochen und Schildkröten können bei fast jedem Tauchgang gesichtet werden. Am Wrack selbst fallen die vielen Königinnen-Engelsfische auf, die hier in besonders hoher Zahl vorkommen. Auch Mantas lassen sich von Zeit zu Zeit sehen.
Die »Californian« wird von den ansässigen Tauchbasen mehrmals täglich angesteuert. Beliebt ist der Tauchplatz besonders am Nachmittag, wenn der zweite Abstieg ansteht, der weniger tief sein sollte als der erste am Vormittag.

»Pedernales«

Das Wrack der »Pedernales« eignet sich ideal für Anfänger. Nur selten herrscht hier starke Strömung. Dazu kommt die geringe Tiefe: Der tiefstliegende Teil des Wracks befindet sich auf etwa 13 m. Auch die »Pedernales« hat ihre eigene Geschichte: Der ehemalige Öltanker wurde zu Beginn des letzten Weltkrieges zunächst von einem deutschen Unterseeboot torpediert und sank daraufhin. Volltreffer – der Torpedo traf genau die Mitte des Tankers. Später trennte man unter Wasser dieses Mittelstück einfach

Ein »schußbereiter« Fotograf, gut austariert wie aus dem Lehrbuch, stellt Grauen Engelsfischen nach

heraus und ließ es liegen. Bug und Heck wurden gehoben, nach Nordamerika gebracht und dort wieder zusammengeschweißt. 1944 nahm die »neue, verkleinerte Pedernales« erfolgreich an der Invasion der Alliierten in der Normandie teil – späte Rache eines Schiffes!
Der verbliebene Mittelteil ist ein wahres Paradies für Wrackfreunde. Die Tanks können betaucht werden, gut zu sehen sind die komplizierten Röhrensysteme, durch die die Tanks befüllt und geleert wurden. Auch die Sanitäranlagen für die Besatzung sind noch gut erhalten. Waschbecken, Wasserhähne und WC-Schüsseln sind unversehrt vorhanden.
Was biologisch interessierten Tauchern auffällt, ist die Vielzahl von Groupern, die das Wrack bevölkern. Barsche jeder Art finden sich hier ein. Den farbenprächtigen Juwelenbarsch trifft man ebenso wie den unauffällig gefärbten Nassau-Grouper. Auch die »Pedernales« ist Heimat von vielen Engelsfischarten.

Strömungstauchgang: Hornkorallen wiegen sich in der Dünung

»Antilla«

Die »Antilla« lief in den 30er Jahren in Hamburg–Finkenwerder vom Stapel. Nach Kriegsbeginn war der Frachter bei den gegnerischen Flotten als »Geisterschiff« bekannt. Dies lag daran, daß viele Kriegsschiffe den U-Boot-Versorger zunächst zwar sichteten, es der »Antilla« jedoch immer wieder gelang, sich auf unerklärliche Weise aus dem Staub zu machen. Eines Tages ankerte das Schiff in den Gewässern vor dem nicht am Krieg beteiligten Aruba. Süßwasser- und Nahrungsmittelvorräte sollten aufgefüllt werden. Aruba unterstand damals noch der niederländischen Krone. Der Überfall Hitlers auf die Niederlande in jenen Tagen wurde der »Antilla« zum Verhängnis – denn plötzlich war Aruba mit in den Krieg verwickelt und Gegner Deutschlands geworden. Man forderte den Kapitän auf, sich zu ergeben, gestand ihm jedoch eine Nacht zu, das Schiff übergabefertig zu machen. Der Kapitän war nicht untätig: Er versenkte die »Antilla« in jener Nacht selbst, damit sie nicht in die Hände des Gegners fallen konnte. Den Rest des Krieges verbrachte er mit seiner Mannschaft in einem Gefangenenlager auf Bonaire.

Die »Antilla« ist mit rund 130 m Länge das größte betauchbare Schiff der Karibik. Es liegt auf ca. 20 m Tiefe und ist reich mit Riesenschwämmen bewachsen. Auch Korallenformationen haben sich eingestellt. Auffällig ist die hohe Zahl an Hummern und Langusten, die das Wrack bevölkern. Auch große Schwärme Gelbschwanz-Schnapper trifft man hier. Die »Antilla« wird von Aruba aus täglich angefahren.

Palm Reef

Abschließend sei noch ein Tauchplatz erwähnt, der zwar kein Wrack zu bieten hat, aber in mancher Hinsicht interessant ist – das «Palmenriff«.
Es liegt bei der Meerwasser-Entsalzungsanlage an der Außenseite einer vorgelagerten Insel – der Plameninsel. Der Name ist jedoch etwas irreführend, denn nicht eine einzige Palme ist hier zu sehen. Die Anfahrt ist ein Abenteuer für sich: Zunächst einmal geht es mit einem Auto von Oranjestad nach St. Niclaas und von dort weiter zur Entsalzungsanlage. In der Nähe findet sich eine einfache Fähre, die uns zur Plameninsel übersetzt. An der Anlegestelle steht ein Handkarren, in dem die Tauchausrüstung transportiert werden kann. Diese karren wir quer über die Insel, immerhin fast 100 m weit. An einer geräumigen Bar, in der man nach dem Tauchgang sein Bierchen schlürfen kann, geht ein Steg ins Meer hinaus. Hier bietet sich auch die Gelegenheit zum Umkleiden.
Schon bevor man ins Wasser steigt, fallen einem die prächtigen, dunkelblau gefärbten Papageifische auf, die sofort angeschwommen kommen, sobald sich ein Mensch auf dem Steg zeigt. Kein Wunder, werden sie doch von den Touristen mit allerhand Leckerbissen angefüttert. Auch Tauchern gegenüber zeigen sie nur wenig Scheu. Bis zum Riffkanal begleiten sie uns, dann wenden sie sich lieber wieder dem Steg zu – man will schließlich keine Mahlzeit verpassen. Palm Reef besticht durch die Artenvielfalt. Auf engstem Raum trifft man drei Muränenarten. Kleine, blaue Mönchsfische haben sich mit Riffbarschen zu großen Schwärmen versammelt. Auf den Steinkorallen bilden Christmastree-Würmer ihre Kolonien. Auch verschiedene Tintenfischarten kann der Taucher hier beobachten, sowie Rochen und Barrakudas. Wegen des flachen Wassers ist dieser Tauchplatz besonders gut für Anfänger geeignet, die hier ihren (ersten?) Nachttauchgang unternehmen können

Meister der Tarnung: Gelber Trompetenfisch sucht zwischen Feuerkorallen nach Beute

Bonaire

Allgemeines

Entdeckt wurde die Insel im Jahr 1499 durch die Spanier Alonso de Ojeda und Amerigo Vespucci, nach dem später der gesamte amerikanische Kontinent benannt werden sollte. Ojeda und Vespucci tauften die Insel auf den Namen »Isla de Brasil«. Bei den Bewohnern der Insel, den Arawak-Indianern, hieß die Insel jedoch Bonaire, was »flaches Land« bedeutet. Die spanische Kolonialmacht verschleppte die Arawaken und ließ sie in den Minen Hispaniolas, dem heutigen Haiti, Zwangsarbeit leisten.

1634 eroberten die Holländer die Insel. Sie verlegten sich auf die Gewinnung von Salz. Noch heute stellt der Export von Salz einen wichtigen Wirtschaftsfaktor der Insel dar.

1954 wurden Bonaire, gleichzeitig mit Aruba und Curaçao, in die Unabhängigkeit entlassen. Dem »Mutterland« Niederlande blieb man jedoch weiterhin eng verbunden, was sich u. a. darin äußert, daß auf Bonaire beispielsweise bis heute die Organisation der Verwaltung und das Justizsystem identisch mit dem der Niederlande sind. Auch fließen noch immer Entwicklungsgelder von den Niederlanden aus auf die ABC-Inseln, mit denen der Bau von Straßen, der Ausbau der touristischen Infrastruktur sowie wichtige Wirtschaftsinvestitionen finanziert werden.

Meisterhaft in Szene gesetzter Grauer Engelsfisch, häufig in Bonaire anzutreffen

Das moderne Bonaire

Bonaire liegt etwa 80 km nördlich der Küste Venezuelas. Die Insel selbst liegt wie ein riesiger Bumerang in der Karibischen See und ist ca. 40 km lang. Die breiteste Stelle mißt rund 11 km. Etwa 15 000 Menschen bewohnen die Insel.

Wer Bonaire besucht, der wird eine Reihe guter Hotels vorfinden. In der Tat ist für jeden Geschmack und für jeden Geldbeutel etwas geboten.

Bonaire gehört zu den attraktivsten Tauchzielen der Karibik. Kein Wunder, denn bereits 1962 wurde hier die Stiftung des Bonaire-Marine-Parks ins Leben gerufen. Seither werden die Riffe konsequent geschützt.

Laut Angaben des Touristenverbandes wird Bonaire jährlich von 30 000 bis 50 000 Tauchern besucht. Mit Fug und

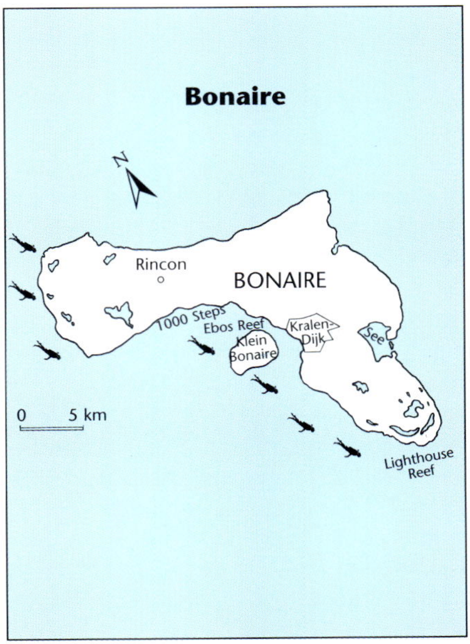

Säulenkakteen im Washington-Nationalpark im Norden Bonaires

Recht kann man daher sagen, daß Bonaire ein wahres Taucherparadies ist. Kaum ein Hotel, das nicht über eine angeschlossene Tauchbasis verfügt. Die notwendige Infrastruktur, um so vielen Taucher gerecht zu werden, ist also vorhanden.

Wie bereits gesagt, legt man in Bonaire besonderen Wert auf den Schutz der Riffe. Wer taucht, der wird zunächst überrascht sein, daß die Tauchbasen einen kostenlosen Tauchgang anbieten, in dem ausschließlich das richtige Tarieren vermittelt und geübt wird. Es ist streng verboten, überbleit zu tauchen und Korallen anzufassen. Auch das Tragen von Handschuhen ist deshalb verboten.

Für Anfänger bieten die Tauchschulen neuerdings geführte Schnorcheltauchgänge rund um die Insel an. Ein solcher Schnorcheltauchgang beginnt zunächst einmal mit einer Einführung in der Tauchbasis. Der Schnorchelguide zeigt dem Neuling, wie eine Schnorchelausrüstung aussehen muß, wie sie an- und ausgezogen und wie sie verwendet wird. Außerdem wird selbstverständlich die Technik des Schnorchelns vermittelt. Der richtige »Kick« beim Flossenschwimmen ist dabei genauso Gegenstand des theoretischen Unterrichts wie auch das richtige Ab- und Wiederauftauchen. Ein großer Teil der Einführung ist dem Umweltschutz gewidmet. In einer weiteren Lektion beschreibt der Führer dann die Sehenswürdigkeiten des Tauchplatzes, der von der Schnorchelgruppe aufgesucht werden soll. Die Schnorchelplätze sind alle mit dem Auto erreichbar und von Land aus zu betauchen. Bonaire verfügt über ein intaktes Saumriff, so daß bereits in unmittelbarer Strandnähe wunderschöne »Spaziergänge durchs Riff« möglich sind.

Der Hauptinsel vorgelagert ist das unbewohnte Eiland Klein-Bonaire. Rundum liegen einige der spektakulärsten Tauchplätze Bonaires. Klein-Bonaire wird von den im Südwesten der Insel liegenden Tauchbasen regelmäßig mit dem Schiff angesteuert. Apropos Tauchplätze: Die Tauchplätze, die am häufigsten aufgesucht werden, liegen alle im Südwesten der Insel und rund um Klein-Bonaire. Leider handelt es sich auch hierbei genau um die Seite, die dem Wetter abgewandt ist. Die dem Wetter zugewandte Nordostseite, also die strömungsreiche Seite, verspricht viele Großfischbegegnungen. Leider kann diese Nordostseite aber nur in den Monaten Oktober bis Februar aufgesucht werden. Während der restlichen Monate ist die Strömung an diesen Tauchplätzen zu stark und der Wellengang zu hoch.

Zählt man die strömungsexponierten Plätze dazu, so verfügen die Tauchbasen Bonaires über knapp über 200 Stellen, an denen Toptauchgänge möglich sind. Übrigens: Geankert wird auf Bonaire grundsätzlich nirgends. Alle Tauchplätze sind mit Bojen versehen, an denen die Tauchschiffe befestigt werden. Im Gegensatz zum Roten Meer sprechen sich die Tauchbasen auch untereinander ab, welche Plätze wann und von wem aufgesucht werden. So wird verhindert, daß mehrere Tauchboote an ein und derselben Stelle liegen und gleichzeitig 120 Taucher im Wasser sind.

Lighthouse Reef

Im äußersten Süden der Insel befindet sich dieser Toptauchplatz, der seinen Namen dem nahegelegenen Leuchtturm verdankt. Die durchschnittliche Tauchtiefe beträgt hier 7 bis 30 m. Die Strömungsverhältnisse sind sehr unterschiedlich und können von mittelstark bis sehr stark wechseln. Wegen des oft hohen Wellengangs sollte dieser Tauchplatz nur von erfahrenen und gut trainierten Tauchern aufgesucht werden. Selbst der Einstieg von Land aus kann sich bisweilen schwierig gestalten. Da der Einstieg über spitzes Korallengestein führt, sind solide Füßlinge mit einer Sohle unverzichtbar. An diesem Platz herrscht immer Strömung. Deshalb beginnen wir den Tauchgang gegen die Strömung. Wenn die Kraft dann nachzulassen beginnt, drehen wir um und lassen uns mit der Strömung langsam zum Ausgangspunkt zurücktreiben.
Am Lighthouse Reef werden uns zunächst die wunderschönen, großgewachsenen Fächerkorallen im Flachwasser auffallen. Auch die hohe Zahl der vielen Hartkorallen wie Steinkorallen und Hirnkorallen fällt auf. Dazwischen suchen die Trompetenfische nach Nahrung. Wegen der hier herrschenden

Diese Sittiche werden von den Einheimischen Love-Birds genannt

In diesen primitiven Hütten waren die Sklaven der Salzfabrik auf Bonaire untergebracht

Rote Flamingos im Goto-See. Die Tiere stehen auf Bonaire unter strengem Schutz

Strömung sollte man seinen Blick aber ruhig öfters vom Riff weg ins freie Wasser wenden. Oft ziehen riesige Stachelmakrelenschwärme vorbei. Auch Barrakudaschwärme sind nicht selten. Fast immer trifft man eine Schildkröte, die dem Lighthouse Reef einen Besuch abstattet. Begegnungen mit Haien sind jedoch seltener.

Red Slave

Dem Lighthouse Reef benachbart liegt der Tauchplatz »Red Slave«. Auch hier tauchen wir in einer Tiefenspanne zwischen 7 und 30 m. Überhaupt sind die äußeren Bedingungen dem des Lighthouse Reefs sehr ähnlich. Wieder können bisweilen starke Strömungen auftreten und wieder ist eine gute Kondition Voraussetzung. Beide Tauchplätze sind mit dem Auto von Kralendijk aus erreichbar und werden dann von Land aus betaucht. Der Einstieg von Land aus ist jedoch nicht einfach, da die Strömung hier von Nord nach Süd verläuft. Ein unvorsichtiger Taucher kann dadurch schnell aufs offene Meer hinausgetragen werden. Ein Boot wäre in diesem Fall die sicherere Lösung.
Selbstverständlich hat auch Red Slave alles an maritimem Leben aufzuweisen, was ein strömungsreicher Tauchplatz nur bieten kann. Viele Raubfische, die ihren Opfern nachstellen, blühende Ko-

rallen, die ihre Tentakeln ins planktonreiche Wasser gestreckt haben. Die Korallenstöcke werden von einer Vielzahl bunter Korallenfische bevölkert. Am auffälligsten sind natürlich die vielen Papageifische, die mit ihrem schnabelähnlichen Gebiß leicht ganze Korallenäste durchbeißen können. Zwischen den zahlreichen Hornkorallenarten haben sich die Trompetenfische getarnt. Mit ihrem spitz zulaufenden Maul sind sie in der Lage, selbst in dünne Spalten zwischen den Korallenblöcken hineinzukommen, um dort ihre Beute zu greifen. Außerdem fällt an diesem Tauchplatz im Flachwasser die große Anzahl prächtiger Röhrenschwämme auf. Ein Blick hinein in die großen Austrittsöffnungen der Schwämme lohnt sich übrigens. Denn dieser geschützte Platz wird oft von kleinen Fischen, Krabben und Putzergarnelen bewohnt.

Town Pier

Ein beliebtes Ausflugsziel für Nachttauchgänge ist die Town Pier von Kranlendijk. Es handelt sich um nichts anderes, als die Schiffsanlegestelle der Stadt. Im Wasser verankert sind zahlreiche, mächtige Stahlstreben. Darauf wurde das über Wasser liegende Pier betoniert. Die Stahlstreben sind unter Wasser von vielerlei Pflanzen und Tieren bewachsen: Algen jeglicher Art, Größe und Form, Schwämme und natürlich Korallen. Dazwischen treffen wir auf allerhand Kleinlebewesen. Neben diesen natürlichen Unterschlupfmöglichkeiten hat auch der Mensch für so manchen Schlupfwinkel gesorgt. Ein alter Auspuff bietet einer Netzmuräne einen sicheren Unterschlupf, aus einer achtlos weggeworfenen Blechdose leuchten die blütendweißen Fühler einer Putzergarnele hervor.

Tip für Unterwasserfotografen: Am besten ist es, die Kamera während eines Nachttauchganges am Town Peer mit der Makrolinse zu bestücken. Eine Besonderheit sind hier nämlich auch die vielen Seepferdchen, die man nachts antreffen kann. Der Tauchplatz selbst eignet sich auch für Anfänger. Das Town Pier wurde L-förmig zum Strand hin angelegt. Wir schnorcheln daher zweckmäßigerweise zum äußeren Punkt des L und tauchen es dann von Stahlstrebe zu Stahlstrebe zurück zum Land hin ab. Unser Tiefenmesser wird dabei nie mehr als 10 m anzeigen.

Gegensätze: Kleinste Christmastree–Röhrenwürmer auf einer großen Hirnkoralle

Zu einem Nachttauchgang gehört sinnnvollerweise auch eine Lampe. Nicht erschrecken sollte man, wenn plötzlich ein »silbernes Torpedo« in den Lampenstrahl hineinschießt. Es handelt es sich dabei um Tarpune, die die Anwesenheit der Taucher zu ihrer nächtlich Jagd ausnutzen. Sie halten sich im Lampenschatten verborgen und beobachten das einsehbare Feld des Lichtkegels ganz genau. Taucht darin eine Beute auf, so schießen sie blitzschnell in den Lampenstrahl hinein und greifen sich den ahnungslosen Fisch. Bevor wir noch begreifen was überhaupt los ist, sind sie bereits wieder im dunklen Wasser verschwunden.

Und noch ein Tip: Wer an der Town Pier nachts taucht, der sollte sich mit einem ausreichenden Kälteschutz versehen. Zwar ist das Wasser auch nachts warm, die geringe Tiefe und die Vielzahl der Entdeckungen lassen aus dem geplanten 45-minütigen Tauchgang aber schnell einen Tauchgang werden, der über eine Stunde dauert. Da Wasser eine bessere Wärmeleitfähigkeit als Luft besitzt, ist ein solider Tauchanzug bestimmt nützlich.

Ebo`s Reef

Dieser Tauchplatz wird mit dem Boot angefahren. Er liegt im Norden der vorgelagerten Insel Klein-Bonaire. Unterwasserfotografen sagen, daß diese Stelle so typisch für Bonaire sei, daß man die Summe aller Tauchplätze auf einem einzigen, hier geschossenen Bild unterbringen können.

Durch die meistens nur leichte Strömung ist dieser Tauchplatz besonders

An der Nordost-Seite der Insel trifft man häufig auf Schildkröten

für Anfänger und wenig fortgeschrittene Taucher geeignet. Die guten Tauchstellen beginnen in rund 12 m Tiefe. Wer tiefer gehen will, der dringt bis 40 m vor. An dieser Stelle sei noch erwähnt, daß es auf Bonaire verboten ist, tiefer als 40 m zu tauchen. Auch Dekotauchgänge sind verpönt. Und diese sind auch gar nicht nötig, denn alles was man entdecken kann, ist im vorgegebenen Tiefenbereich vorhanden.

Wenn wir uns von der Ankerstelle in Richtung Südosten wenden, tauchen wir zunächst über ein riesiges Korallenfeld. Dazwischen fallen die typischn gelb-lilafarbenen karibischen Röhrenschwämme auf. Auffallend sind auch die vielen Engelsfische. Hier treffen wir den wohl farbenprächtigsten davon, den Königinnen-Engelsfisch. Aber auch der Graue und der Französische Engelsfisch sind hier häufig zu sehen.

Aus Sicherheitsgründen suchen wir zunächst die tiefste vorgesehene Tauchstelle auf. Wir sehen hier unten auch viele Langusten, die sich tagsüber in ihre Wohnlöcher zurückgezogen haben. An der vom Boot entferntesten Stelle tauchen wir langsam in flachere Zonen auf. Hier, in etwa 3 bis 7 m Tiefe, hat die bei Stürmen oft heftige Brandung Löcher ins Riff geschlagen. In diesen Riffhöhlen leben größere Fische, beispielsweise Zackenbarsche. Es lohnt sich übrigens auch, an dieser Stelle einmal in den Lichtschatten von Korallen oder von großen Schwämmen zu sehen. Wenn eine leichte Strömung vorherrscht, kann es nämlich vorkommen, daß die sonst nur nachtaktiven Federsterne ihre prächtigen Tentakeln bereits am Tag entfaltet haben. Wer Ebo´s Reef in der Nacht betaucht, wird von den hunderten und tausenden der farbenprächtig blühenden Federsterne begeistert sein.

1000 Steps

Der nächste Tauchplatz liegt im Norden der Insel und ist mit dem Auto erreichbar. Wie überall, fallen einem auch hier entlang der Küstenstraße die vielen gelben Steine auf. Hierbei handelt es sich aber um keine Laune der Natur, die Steine wurden vielmehr von Menschenhand bemalt. Die in schwarzer Schrift aufgemalten Namen bezeichnen Tauchplätze. Wo also ein gelber Stein liegt, befindet sich auch ein guter Tauchplatz, der bequem von Land aus zu erreichen ist. Einer davon ist 1000 Steps. In einer kleinen sandigen Bucht besteht die Möglichkeit, sich umzuziehen. Durch einen schmalen Riffkanal geht es hinaus an die Außenseite des Saumriffs. Was diesen Tauchplatz besonders für Anfänger geeignet macht, ist der leichte Einstieg und die Tatsache, daß hier fast nie Strömung auftritt. Zuerst tauchen wir durch Geweihkorallen. Weiter unten haben sich Hirnkorallen und Steinkorallen angesiedelt. Auffallend sind die vielen Gorgonen, die senkrecht zur Strömung stehen, so daß sie besonders viel Nahrung fangen können.

Beeindruckend ist auch die Unterwasserlandschaft. Aus der Tiefe kommen viele Hügel hervor, deren Dächer üppig bewachsen sind. Wer Glück hat, trifft hier auch auf Großfische. Wenn das Wasser planktonreich ist, sind Mantabegegnungen keine Seltenheit. Zum Schluß noch eine Bemerkung am Rande: Obwohl der Tauchplatz «1000 Stufen« heißt, führen nur 60 Stufen zum Wasser. Diese 60 Stufen können einem Taucher mit schwerer Ausrüstung jedoch leicht wie 1000 vorkommen ....

Schutz vor Freßfeinden finden Friedfische im Schwarm. Gelbe Meerbarben trifft man nie alleine an

Vasenschwamm an exponierter Stelle. Die Tiere sind typisch für die Gegend

Curaçao

Mit Curaçao trifft der Reisende auf ein Land, das fast schon mitteleuropäischem Standart entspricht. Die Haupteinnahmequellen des Staates und seiner Bevölkerung sind durchaus gemischt und gründen sich nicht ausschließlich auf den Tourismus. Vor allem der große Überseehafen schafft Arbeitsplätze und bringt Einnahmen. Außerdem sind die Erdölraffinerien zu nennen, die venezuelanisches Öl verarbeiten. Trotzdem: Die Umwelt des Landes ist intakt geblieben. Das ist nicht zuletzt den restriktiven Bestimmungen zu verdanken, die die Natur der Insel schützen.

Curaçao ist ein regelrechtes Ferienparadies. Neben jeder Art von Wassersport kann man auch Wanderungen, Ausflüge in die Naturschutzparks und Fahrradtouren unternehmen. Auch der Tauchsport boomt auf Curaçao. Doch an zweiter Stelle kommt leider schon – das Hochseefischen.

Die Touristen sind auf Curaçao durchaus bunt gemischt. Da wären zum einen die vielen Niederländer, die »ihre« ABC-Inseln als Ferienperle erkannt haben, zum anderen aber auch die vielen US-Amerikaner, die die Karibik als Ziel quasi vor ihrer Haustüre für einen Kurztrip nutzen. Die touristische Infrastruktur der Insel ist darauf eingestellt und bietet vielerlei Unterkunftsmöglichkeiten an.

Die Geschichte Curaçaos verlief wie die der ganzen Region abwechslungsreich und manchmal blutig. Auch diese Insel wurde nicht von Kolumbus, sondern erst sieben Jahre später durch Alonzo Deojeda entdeckt. Auch die hiesige Urbevölkerung wurde in die Silberminen Hispanjolas, das heutige Haiti, verschleppt. Da die Insel selbst über keine interessanten Bodenschätze verfügt, hatte sie später, das heißt ab ca. 1600, nur noch als strategischer Stützpunkt Bedeutung. Wie Aruba und Bonaire wurde auch Curaçao 1634 von den Holländern erobert. Schnell entdeckten diese die Vorzüge des natürlichen Hafens bei Willhelmstadt. Die Insel entwickelte sich so zu einem wichtigen Handelszentrum. Seit 1834 ist die Insel nicht mehr Kolonie, sondern Provinz des Niederländischen Königreichs.

Das heißt, daß die Insel auch heute noch finanzielle Unterstützung u. a. von der EG erhält, die die industrieelle und touristische Infrastruktur mit Zuschüssen fördert. Überhaupt fließt sehr viel EG-Geld in die Karibik. Da auch Frankreich noch Überseedepartements besitzt, denken wir nur an Martinique und Guadelupe, darf das Schicksal dieser Region auch Gesamteuropa nicht gleichgültig sein.

Berühmt wurde Curaçao durch seinen blauen Likör. Auf der Insel hat man nämlich ein Verfahren erfunden, getrocknete Orangen in Likörform zu konservieren. Da dessen Geschmack dem mitteleuropäischen Gaumen jedoch nicht gerade schmeichelte, wurde das Verfahren hierzulande schnell von den großen Schnapsbrennereien nachgeahmt – jetzt allerdings geschmacklich verbessert und für uns gefälliger. Unglücklicherweise hatte man in Curaçao vergessen, das Verfahren patentieren zu lassen. So kommt es, daß europäische Firmen mit dem Likör mehr Umsatz machen, als das eigentliche Ursprungsland.

Curaçao liegt etwa 60 km vor der venezuelanischen Küste. Seine Gesamtoberfläche beträgt rund 450 km^2. Die Insel ist 60 km lang und an der breitesten Stelle ungefähr 24 km breit. 150000 Menschen verschiedenster Nationalitäten bewohnen das Eiland.

Die bewegte Geschichte hat auch in der Bevölkerung ihre Spuren hinterlassen. Man trifft hier auf Restgruppen der einheimischen Urbevölkerung, genauso

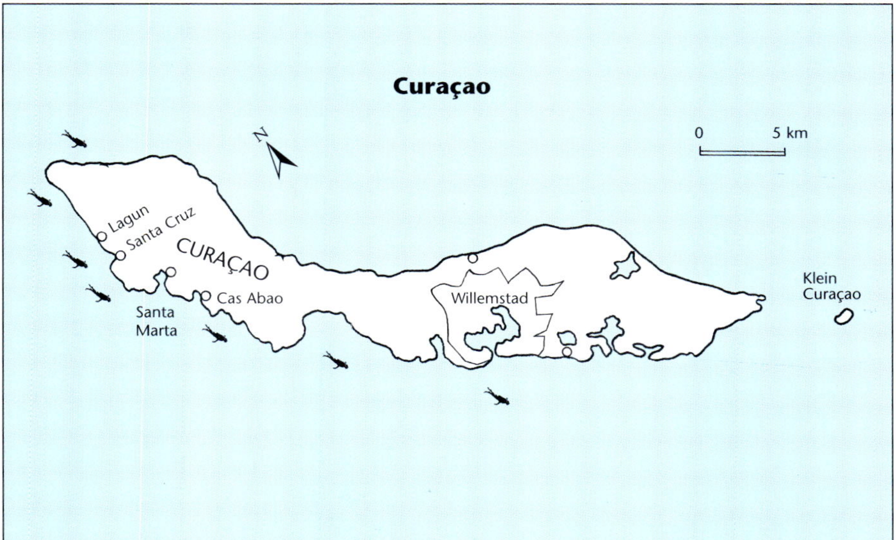

aber auch auf Schwarze und Europäer. Andere Menschen wiederum scheinen von allen dreien etwas abbekommen zu haben.
Erwähnt werden soll auch noch kurz die architektonische Besonderheit der Insel. Der typisch holländische Baustil verschmolz hier mit indianischen Einflüssen zu einem harmonischen Ganzen. An manchen Stellen hat sich der holländische Baustil unverfälscht erhalten. Blickt man etwa über den Hafenkanal auf die Häuser von Willhelmstadt, so fühlt man sich augenblicklich nach Amsterdam versetzt.
Hans Hass war es, der bereits in den 40er Jahren die Schönheit der Unterwasserwelt um Curaçao entdeckte. Seinem Buch »Unter Korallen und Haien« ist wohl der unvergleichliche Tauchboom zu verdanken, den Curaçao in den letzten Jahren erlebte.
Wie auch bei Bonaire, liegt die Südwestküste der Insel im Windschatten der oft heftig wehenden Passatwinde. Hier kann man daher zu jeder Jahreszeit tauchen. Die rauhere Nordostküste ist hingegen nur in den Monaten Oktober bis Februar zu betauchen. An der Südwestküste liegen auch die zahlreichen Touristenhotels. Fast jedem Hotel ist eine Tauchbasis angeschlossen. Hier werden üblicherweise die Tauchgänge vom Boot aus gestartet. Die meisten Tauchschulen bieten mehrmals am Tag eine Ausfahrt an. Da nach amerikanischem Vorbild getaucht wird, handelt es sich vormittags meistens um einen sogenannten »two tank trip« während nachmittags nur noch ein »one tank trip« stattfindet. Das heißt nichts anderes, als daß vormittags zweimal, am Nachmittag nur einmal getaucht wird.

So vielgestaltig wie sich die Südwestküste Curaçaos über Wasser zeigt, so bunt präsentiert sie sich dem Taucher auch unter Wasser:

»Tug Boat«

Dieser Tauchplatz liegt unterhalb einer alten Quarantänestation in einer gut geschützten Bucht. Er ist besonders für Anfänger geeignet. Um so besser, handelt es sich bei diesem Tauchplatz doch um den wohl typischsten von Curaçao. Hier liegt nämlich das Wrack eines Lotsenbootes, das Dietmar Reimer bereits in den 60er Jahren fotografierte und das seit damals das »Unterwasserwahr-

Begegnung im nächtlichen Riff: Seepferdchen sind possierliche Tierchen

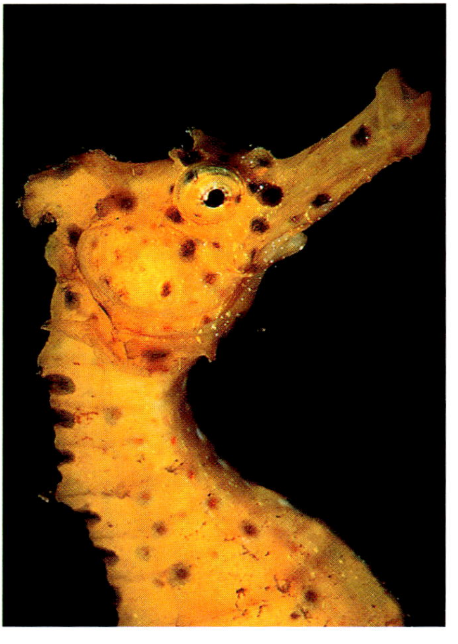

Farbenprächtig: Schwimmender Markt in Willemstad, Curaçao

zeichen« der Insel darstellt. Das »Tug Boat« liegt nicht sehr tief. Man kann es deshalb schnorchelnd erreichen. Es ist wunderschön mit Hornkorallen und Fächerkorallen bewachsen. Auch lilafarbene Röhrenschwämme haben sich auf Deck, Reling und Brücke angesiedelt. In den zahlreichen Nischen und Gängen verstecken sich Muränen, Langusten und Fische. Wenn man Glück hat, sieht man den riesigen Trompetenfisch, der sich seit einigen Jahren in der Nähe des »Tug Boat« aufhält. Da das »Tug Boat« im flachen Wasser liegt, sollten wir es uns jedoch für den Schluß des Tauchganges aufheben. Denn hinter dem »Tug Boat« entfaltet das Korallenriff seine ganze Pracht und Schönheit. Die Felsen sind über und über mit jeder Art von Korallen bewachsen. Schwämme recken ihre Röhren ins Wasser. Die dünnen Schnüre der Peitschenkorallen wiegen sich sanft in der Strömung. Diese Umgebung bietet natürlich einen idealen Lebensraum für zahlreiche Fische. Engelsfische jeder Art, prächtige Papageifische und Muränen trifft man hier bei jedem Tauchgang an. Das geübte Auge erkennt an sandigen Stellen manchmal zwei teleskopartige Augen, die zu einem Rochen gehören, der sich im Sand eingegraben hat.

Hier rentiert es sich, seinen Blick auch einmal vom Riff abzuwenden und ins Freiwasser zu blicken. Oft ziehen hier Tarpune und andere Großfische vorbei.

Lost Anchor

In der gleichen Bucht, jedoch genau auf der gegenüberliegenden Seite, liegt der

Tauchplatz des »Lost Anchor«. Auch dieser ist ausschließlich mit dem Boot zu erreichen. Das Boot ankert dabei im flachen Wasser der Bucht, oder besser gesagt, es wird an einer hier eigens festverlegten Boje befestigt. Auch die Tauchstellen um Curaçao sind mit Ankerbojen versehen, um unnütige Schäden am Riff zu vermeiden.

Bereits in geringer Tiefe können Taucher die ersten Entdeckungen machen. Das Wasser ist an dieser Stelle nur 10 m tief. Schwimmt man weiter seewärts, so fällt das Riff jedoch steil ab. Bis in 70 m Tiefe geht es hinunter. Zweifellos kann man sagen, daß »Lost Anchor« eine beeindruckende Steilwand zu bieten hat. Im Freiwasser ziehen oft Stachelmakrelen vorbei, ab und zu »wackelt« eine Schildkröte durch die Szenerie. Die Riffwand ist reich bewachsen. Der Bewuchs beginnt bereits im Flachwasser mit Horn- und Weichkorallen und setzt sich dann an der Abbruchkante des Riffs mit Hirn- und Steinkorallen fort. Auch für diesen Tauchplatz sind die unzähligen, riesigen Röhrenschwämme typisch. In größeren Tiefen findet man auch die großen Becherschwämme, die ebenfalls typisch für die Tauchplätze um Curaçao sind. Auch Fische sind hier in einer großen Artenvielfalt vertreten. Schulen von Grunzern durchstreifen die Rifflandschaft, nicht weit davon verteidigt ein Drückerfisch aufgeregt sein Gelege. Zwischen den dichtstehenden Ästen der Hornkorallen halten sich geschickt getarnte Riffsepias verborgen.

Sowohl der Tauchplatz Lost Anchor als auch die Tauchgründe um das benachbarte Tug Boat weisen kaum oder nur eine geringe Strömung auf. Selbst an den Tagen, an denen der Passatwind kräftig zieht, finden finden insbesondere auch Anfänger an diesem Tauchplatz ideale Bedingungen vor.

Repräsentative Architektur – der sogenannte Gouverneurspalast in Willemstad

In dieser Quarantänestation wurden bis um die Jahrhundertwende noch Kranke isoliert

Giant Sponge

Der Tauchplatz um den Riesenschwamm gehört zum besten, was Curaçao zu bieten hat. Auch dieser Platz ist mit seinen gemäßigten Tiefen und seinen strömungsarmen Gewässern für Anfänger geeignet. Highlight des Tauchgangs, der Namen sagt es, ist ein riesiger Schwamm. Das Exemplar das wir hier finden, hat etwa 6 m Durchmesser und ist mehrere 100 Jahre alt. An dieser Stelle sei gleich die Bitte mit eingeflochten, diese seltene Erscheinung auf keinen Fall zu berühren!

Biologisch gesehen sind Schwämme Tiere, die mit Geißelzellen Wasser durch ihren porösen Körper leiten. Die vergleichsweise großen Öffnungen, wie beispielsweise an Becher- oder Faßschwämmen, sind die Austrittsöffnungen. Das durchflutende Wasser versorgt die Tiere mit Planktonnahrung und Sauerstoff. Im Gegensatz zu den Korallen, die zu den Planktonfängern zählen, sind Schwämme Planktonfiltrierer.

Doch auch über den Riesenschwamm hinaus hat der Tauchplatz Giant Sponge einiges zu bieten. Die in der Karibik oft anzutreffenden Gelbstreifen–Schnapper sind hier zahlreich vorhanden. Sie folgen den Tauchern oft in Schulen von 30, 40 und mehr Tieren.

Auch Stein- und Hirnkorallen gibt es an diesem Tauchplatz zu sehen. Sie sind über und über von Christmastree-Würmern bewachsen. Diese haben ihre Tentakeln in allen möglichen Farben ausgefahren. Fast scheint es, als blühe das Riff wie ein Blumengarten. Hier ein lila Ton, daneben ein Christmastree-Wurm in zartem Rosa. Auch Weiß, Gelb und Rot sind vertreten.

Marketing à la Curaçao: Diese Puppen werben für eine Boutique.

Blue Bay

Die Tauchgründe in der Blue Bay können auch von Land aus erreicht werden. Schnorchler finden hier bereits in geringen Tiefen eine reichhaltige Flora und Fauna vor. Weiter draußen ist eine Ankerboje für die Tauchschiffe angebracht. Das Riff fällt in einem sanften Hang von nur etwa 3 m auf 30 m ab. Er-

Aasfresser: Borstenwürmer leben räuberisch. Vorsicht, die Borsten nesseln

staunlich ist, daß auf etwa 15 m einige Autowracks zu finden sind. Wie diese hierhergekommen sein sollen, darüber kursieren unter den Tauchguides der verschiedenen Tauchbasen viele Versionen. Auf den Punkt gebracht: »Nichts genaues weiß man nicht«.
Tatsache ist, daß die Autowracks schön mit Schwämmen und Korallen bewachsen sind. Im Innern haben sich Krustentiere angesiedelt. An diesem Platz trifft man auch häufig Sepien. Sie treten hier manchmal sogar in regelrechten Schwärmen auf. Auch Rochen sind hier oft zu sehen.
In den Gewässern der Blue Bay lohnt es auch, sich sorgfältig in Ritzen und Spalten umzusehen. Wir finden hier die große Grüne Muräne, die bis zu 30 kg schwer und 3 m lang werden kann. Trotz ihres unfreundlichen Aussehens und ihrer beeindruckenden Größe gilt diese Muränenart als durchaus harmlos und gutmütig.

»Superior Producer«

Wir schreiben das Jahr 1977. Es ist ein stürmischer Novembertag. Die Wellen schlagen hoch. In der Hafeneinfahrt von Willelmstad liegt der völlig überladene Frachter »Superior Producer«. Beladen ist er mit Textilien, Alkoholika und Kosmetikartikeln. Als ein besonders großer Brecher anläuft, wird das Schiff innerhalb kürzester Zeit zum Kentern gebracht und sinkt. Menschenleben sind keine zu beklagen. Da das Schiff in geringer Tiefe liegt, setzt bald ein ausgiebiger »Plündertourismus« ein. Innerhalb kürzester Zeit tauchen auf den Märkten der Insel bunte Kleider und Bettwäsche auf. Selbstverständlich billigst abzugeben, denn man hat sie ja umsonst »erstanden«. Da das Schiff die Hafeneinfahrt blockiert, wird es einige 100 m nach Westen verfrachtet und dort in 30 m Tiefe versenkt. Es liegt auf ebenem Kiel und ist heute schön bewachsen. Inzwischen geht das Gerücht um, daß die »Superior Producer« auch Schmuggelware geladen hat. Das hat zur Folge, das an manchen Tagen weit über 100 Boote über dem Wrack ankern. Kinder haben große Steine dabei und lassen sich damit ohne Tauchausrüstung zum Wrack hinunterziehen. Indes – das Gerücht von der Schmuggelware bestätigte sich nicht, alles was noch geplündert werden kann, ist die bereits bekannte Ware.

Ein Tauchgang an der »Superior Producer« ist ein Muß auf einer Reise auf Curaçao. Ähnlich wie bei dem »Tug Boat« kann man sagen, daß nicht vor Curaçao getaucht hat, wer die »Superior Producer« nicht gesehen hat. Besonders beeindruckend sind die vielen Krustenanemonen, die die Reling bewachsen. Überwältigend schön ist deswegen ein Nachttauchgang am Wrack. In der Nacht haben diese leuchtend gelben Tiere ihre Tentakeln prachtvoll entfaltet. Der Mast ist über und über mit bunten Schwämmen bewachsen. Auch im Innern des Frachters haben einige Fische Schutz gesucht.

Insbesondere für Unterwasserfotografen oder -filmer bietet ein Wracktauchgang herrliche Motive. An Tagen, an denen das Wasser besonders klar ist, kann ein Mensch beispielsweise als Maßstab zum Größenvergleich dienen – ein winziger Taucher, der über dem riesigen Wrack schwimmt. Beliebt ist auch, ein Modell beim Durchblick durch ein Bullauge zu portraitieren. Der Phantasie und der Kreativität des Unterwasserfotografen sind hier also keinerlei Grenzen gesetzt.

Achtung: Vergessen Sie bei all den Eindrücken das taucherische Handwerk nicht! Auch beim Wracktauchgang gilt, daß die tiefste Stelle immer zuerst aufgesucht werden sollte und der Tauchgang dann weiter nach oben fortgesetzt wird.

Abschließend sei noch gesagt, daß die »Superior Producer« nur von fortgeschrittenen Tauchern betaucht werden sollte. 30 m sind nicht zu verachten! Zudem herrscht an dieser Stelle oft eine mittlere bis starke Strömung.

Filtrierer unter sich – Muschel und Hornkoralle

Die Tauchreviere der Karibik bieten für jeden Ausbildungsgrad das richtige

Bahamas

Allgemeines

Auf der Inselgruppe der Bahamas ist der amerikanische Einfluß überall präsent. Das ist nicht verwunderlich, denn die westlichste Bahamasinsel, Bimini, liegt nur etwa 75 km südlich von Miami. Diese geringe Entfernung verführt viele US-Amerikaner zu einem »Weekend-Trip«.

Auf den Bahamas wird dem Taucher so ziemlich alles geboten, wonach ihm der Sinn steht – von abgeschiedenen, unberührten Rifflandschaften mit einer reichhaltigen Flora und Fauna bis hin zu »Zirkusveranstaltungen« mit angefütterten Haien und Delphinen, die darauf abgerichtet sind, Taucher bei ihren Tauchgängen zu begleiten.

In vorgeschichtlicher Zeit war die Inselgruppe unbevölkert. Erstmals besiedelt wurden die Bahamas von einem Indianerstamm, den Lucayans. Diesen Unterstamm der Arawaken traf Kolumbus an, als er 1492 die Inseln entdeckte. Am 12. Oktober 1492 landete er auf Guanahani. Das heutige San Salvador ist eine von 3030 Inseln der Bahamas. Von diesen Inseln waren jedoch nur 30 bewohnt. Die Lucayans taufte Kolumbus, im Glauben in Indien gelandet zu sein, Indios. Da sie goldene Ohr- und Nasenringe trugen, vermuteten die Spanier, auf den Bahamas sei viel Gold zu finden. In der Folge wurde die Urbevölkerung in wenigen Jahren vollständig ausgelöscht. 1647 wurden die Bahamas von den Engländern besetzt.

Wegen der für die Schifffahrt gefährlichen Gewässer mit ihren unberechenbaren Strömungen wurden sie später lange Zeit gemieden. Immer wieder gingen Schiffe auf dem Weg zurück nach Spanien in der Gegend der Bahamas verloren. Erst im 18. Jahrhundert erschlossen einige englische Puritaner die Inseln. Allerdings entwickelten die »strenggläubigen Christen« bald eine rege Handelstätigkeit mit Sklaven aus Afrika. Auch Piraten boten sie Schutz vor Verfolgern – gegen Entgelt natürlich. Im amerikanischen Bürgerkrieg unterstützten sie die Südstaaten. Während der Zeit der amerikanischen Prohibition dienten die Bahamas als Umschlagplatz für den begehrten Alkohol.

Die Bahamas heute

Sowohl unter als auch über Wasser bieten die Bahamas die Wahl zwischen quirligem Umtrieb und beschaulicher Ruhe. Wer von Europa aus anreist, wird in aller Regel auf dem Flugplatz der Hauptstadt Nassau landen. Nassau ist selbstverständlich einen Aufenthalt wert. Die Stadt ist im altenglischen, kolonialen Stil gebaut. Die Einwohnerzahl liegt bei 150 000 Menschen. Nassau ist ein Einkaufsparadies, das außerdem über viele historische Sehenswürdigkeiten verfügt, beispielsweise den Justizpalast oder das Regierungsgebäude. Apropos Regierung: Die Bahamas gehörten seit dem 17. Jahrhundert zur Britischen Krone, waren also eine britische Kolonie. 1964 erhielten sie ihre erste autonome Regierung. Erst 1973 wurden die Bahamas von Großbritannien unabhängig, allerdings blieben sie Mitglied des Commonwealth.

Trotz der lebhaften Straßen sollten Sie bei einem Stadtbummel durch Nassau daran denken, daß Lokale und Geschäfte Punkt 17.30 Uhr schließen. Die Geschäftsinhalber sind gnadenlos. Wer aus dem reichhaltigen Angebot also etwas erstehen will, der muß dies rechtzeitig tun. Bekannt für ihre zahlreichen Geschäfte ist die Baystreet. Kleine aber elegante Ladenlokale säumen die Straße. Besonder günstig kann man hier euro-

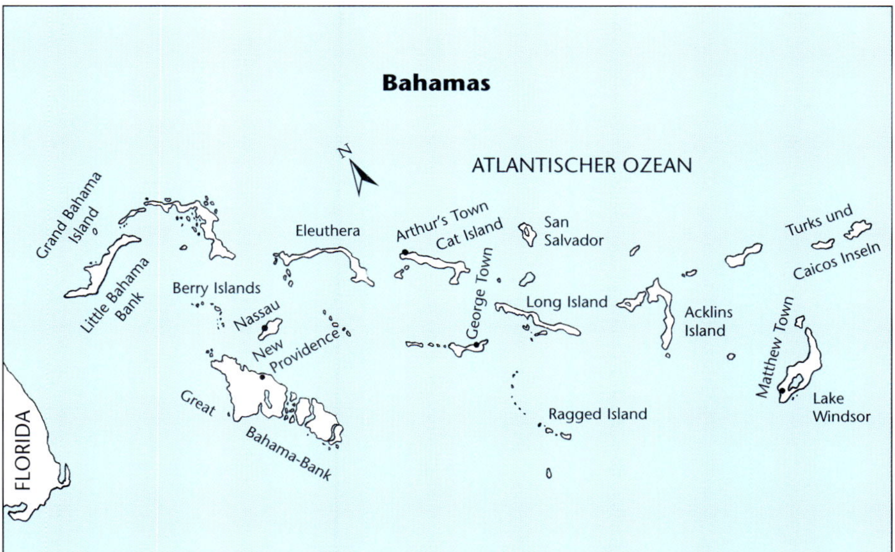

päische Parfüms der Spitzenklasse erstehen. Schmuck und Diamanten stammen aus Südamerika, die Preise liegen daher deutlich unter den europäischen. Auch die japanische Industrie hat die Inselgruppe als Absatzmarkt entdeckt.

Eine Besonderheit der Bahamas sind die vielen Manufakturen, die allerhand Kunst und Kitsch aus Stroh herstellen. Die Baystreet hat einen eigenen Strohmarkt, fast schon ein »Wahrzeichen« der Bahamas. Das Angebot hier richtet sich selbstverständlich voll nach den Bedürfnissen der Touristen – geschmackvolles dürfen Sie also nicht erwarten. Wenn Ihnen jedoch der Sinn nach einer Strohpuppe, einem Hut oder einem Einkaufskorb steht: hier werden Sie fündig. Vergessen Sie nicht zu handeln, die genannten Preise sind keine Festpreise sondern in der Regel schamlos überzogen! Dies gilt übrigens auch für die Auslagen einiger Geschäften.

Mensch und Delphin: Tauchen mit »Unexso« garantiert unvergeßliche Eindrücke

Strenge Tauchgesetze

Die Regierung der Bahamas hat schnell den touristischen und damit finanziellen Wert der faszinierenden Tauchgründe des Inselstaates entdeckt. Schon früh wurden deshalb strenge Regeln für Wassersportler erlassen. Das beginnt beispielsweise mit der Fangmengenbegrenzung für Sportfischer und hört mit detaillierten Verhaltensvorgaben für Taucher auf. Die wichtigsten Regeln lauten wie folgt:

1. Es ist verboten, Fische zum Fangen mit Gift zu betäuben.
2. Es ist verboten, Fische mit Gift zu töten.
3. Es ist verboten, Niedere Tiere wie Seesterne, Muscheln oder Schnecken und deren Produkte, wie beispielsweise Schneckengehäuse, zu sammeln.
4. Der Export von Meerestieren und deren Produkten ist illegal. Wer dennoch etwas außer Landes bringen will, muß eine Genehmigung einholen.
5. Das Harpunieren mit Gerät, mit Pressluft- oder Gummizugharpunen ist verboten. Wer Harpunieren will, darf dies nur mit einem einfachen Speer und ABC-Ausrüstung.

Bei allem guten Willen bleibt es doch verwunderlich, daß sich die Regierung

Großmäuler unter und über Wasser. Der Nassau-Grouper wartet in Putzerstellung auf eine Garnele, der Holzschnitzer in Lauerstellung auf Touristen

nicht dazu entschließen konnte, das Harpunieren völlig zu verbieten. Hier macht man aber Zugeständnisse an die vorwiegend amerikanische Kundschaft.

Fast alle Inseln der Bahamas verfügen über prächtige Tauchreviere. Wenn wir einige davon im folgenden beschreiben, so gehen wir, was die Inseln betrifft, in alphabetischer Reihenfolge vor. Bei einigen Tauchplatzbeschreibungen finden Sie weitere Hinweise, wie beispielsweise, daß Fische angefüttert wurden oder werden. Europäische Taucher distanzieren sich aus guten Gründen von diesen Praktiken. Der amerikanische Taucher findet so etwas jedoch nicht anstößig. Wenn wir Ihnen sagen, wo Fische angefüttert werden, dann geschieht dies wertfrei und ausschließlich der Vollständigkeit halber. Jeder kann selbst entscheiden, ob er diesen oder jenen Tauchplatz besuchen will.

The Abacos

Die Abacos-Inselgruppe liegt ca. 180 km östlich der Küste Floridas, etwa auf der Höhe von Fort Lauderdale. Die Hauptinsel der Abacos-Gruppe gehört zu den größeren Bahamainseln. Die Inselgruppe erstreckt sich ungefähr 200 km von Nord nach Süd und besteht, neben Great Abacos aus einer Vielzahl von kleinen und kleinsten Inselchen. Viele von ihnen sind reine Wüsteninseln.

Die Inselgruppe verfügt über drei Flugplätze, die von Nassau, Freeport oder Fort Lauderdale aus angeflogen werden. Außerdem finden Taucher dort eine Reihe guter Hotels, denen, wie in dieser Gegend üblich, auch gleich eine Tauchbasis mit angeschlossen ist. Wer zu Hause keinen Pauschalurlaub bestehend aus Flug, Unterkunft und Tauchen gebucht hat, der muß mit ungefähr folgenden Zimmerpreisen rechnen: 85 – 140 US $ für ein Einzelzimmer und 100 – 170 US $ für ein Doppelzimmer. Tip: Wer eine ganze Woche durchbucht, der erhält erhebliche Rabatte.

Quo vadis? Der Wegweiser führt alle Bahama-Inseln auf

Tarpon Reef

Dieser Tauchplatz ist, wie es der Name schon sagt, für seine vielen Tarpune bekannt. Von der Tiefe her, das Riff fällt hier steil auf nur 15 m ab, wäre er auch für Anfänger geeignet. Allerdings herrschen hier oft starke Strömungen, so daß nur gut trainierte Taucher einsteigen sollten. Wie an strömungsexponierten Stellen jedoch üblich, ist auch am Tarpon Reef mehr zu sehen, als an den strömungsabgewandten Stellen. Auffällig sind die vielen Raubfische, die hier leichte Beute machen können. So treffen wir außer den bereits erwähnten Tarpunen auf alle Arten von Muränen, wobei die Grüne Muräne besonders häufig vertreten ist. Außerdem besteht die Chance, Zackenbarsche, Barrakudaschwärme und ab und zu auch kleinere Schwertfische zu sichten.

Bonita Wrack

Die »Bonita« liegt in ca. 20 m Tiefe. Das Wrack kann auch von Anfängern problemlos betaucht werden, zumal hier auch nur selten Strömung auftritt.

Die Bonita war ein englischer Transporter, der gegen Ende des Zweiten Weltkriegs in den Gewässern der Bahamas gesunken ist. Das Wrack ist schön mit Korallen und Schwämmen bewachsen. Auffällig sind die vielen Zackenbarsche, die sofort angeschwommen kommen, sobald sich Taucher dem Wrack nähern – was die Vermutung nahelegt, daß die Tiere von den Tauchguides der örtlichen Tauchschulen angefüttert werden. In der Tat sind die Fische recht aufdringlich und können auch schon einmal rabiat werden, wenn sie merken, daß man nicht vorhat, sie zu füttern.

San Jacinto Wrack

Das Wrack der »San Jacinto« ist wohl eines der schönsten Schiffswracks der Welt. Es handelt sich um ein altes Dampfschiff, das bereits im Jahr 1865 vor Abacos gesunken ist. Das klare Wasser und die geringe Tiefe von nur 12 m machen es ideal für Anfänger.

Umstritten wird die Praxis bleiben, die hier lebenden Grünen Muränen anzufüttern. Wem dies nichts ausmacht, der erlebt hier mit den riesigen Räubern beeindruckende Tauchgänge. Auch schöne Fotos gelingen – wann sieht man schon einmal mehr als den Kopf dieser Tiere.

Wegen der kurzen Entfernung beliebt sind die Bahamas für amerikanische Hochseefischer

Walker´s Cay

Walker´s Cay ist die nördlichste der Abacosinseln. Die hiesigen Tauchgründe gehören zum besten, was die Karibik zu bieten hat. An manchen Stellen sind Abstiege bis auf 40 m Tiefe möglich. Andere Stellen wiederum präsentieren den gesamten Artenreichtum bereits in 10 bis 15 m Tiefe. Auch hier treffen wir, dank der exponierten Lage, viele Raubfische an. Doch auch die »Welt im Kleinen« ist beeindruckend. Große Schulen von Riffbarschen und Mönchsfischchen begleiten den Taucher auf seinem Tauchgang. Nachts entfalten die Federsterne die ganze Pracht ihrer Tentakeln. Auf Stein- und Hirnkorallen haben sich die Christmastree-Würmer angesiedelt.

Die Tauchplätze um Walker´s Cay erreicht man bequem mit der dem Walker´s Cay Ressort angeschlossenen Tauchschule. Diese bietet, nach amerikanischem Standard alles, was eine gutgeführte Tauchbasis anbieten muß: Ausbildung nach PADI-, SSI- und CMAS-Richtlinien. Komplette Ausrüstungen inklusive Kleinbildkameras können gemietet werden. Auch das Schiff, mit dem die Tauchplätze angefahren werden, läßt nichts zu wünschen übrig. Es ist mit einer Toilette und Badezimmer ausgestattet, ein Kühlschrank für kühle Getränke steht zur Verfügung und eine Videoanlage ist ebenfalls vorhanden.

Andros

Die Inselgruppe Andros erstreckt sich über etwa 160 km von Nord nach Süd und etwa 70 Kilometer von West nach Ost. Die Landfläche der vielen Inselchen zusammengenommen beträgt etwa 6000 km^2. Die Inselgruppe ist in drei Verwaltungssektoren aufgeteilt: Nord-, Mittel- und Südandros. Sie verfügt zudem über drei Flughäfen, die von Nassau und Florida aus bedient werden. Selbstverständlich kann Andros auch mit dem Schiff erreicht werden.

Was Andros für uns Taucher so interessant macht, ist das Barriereriff, das die

Zeichen von Wohlstand: Autowracks auf Long Island

Ostseite von den Naturgewalten der See abschirmt. Es handelt sich um das drittgrößte Barriereriff der Welt.

Blue Hole

Zu den spektakulärsten Tauchplätzen der Welt überhaupt zählen die Blue Holes der Karibik. Neben diesem einmaligen Erlebnis sind es auch vor allem die Treffen mit den Großfischen, die immer wieder faszinieren. So begleiten uns hier oft Haie. Am häufigsten ist natürlich der Karibische Riffhai, aber auch Silber- und Weißspitzenhai sind nicht selten. Auch große Rochen geben sich hier öfters mit dem Taucher ein Stelldichein.

Over The Wall

Ein Tauchplatz, der wegen seiner großen Tiefe und seinen oft tückischen Strömungen nur von erfahrenen und gut trainierten Tauchern besucht werden sollte ist »Over The Wall«. Ein Tauchgang beginnt hier erst in 25 m Tiefe. Wer will, kann bis auf 55 m vordringen. Dort fällt die Riffzunge, die in den Ozean hinausreicht, auf über 2000 m Tiefe ab. Achtung: Wer auf den Bahamas größere Tiefen aufsuchen will, der muß seine Befähigung in Form eines »Deep-Diver« -Brevets nachweisen. Wie auch immer, »Over The Wall« ist ein faszinierender Tauchplatz für Fortgeschrittene. Durch die häufigen Strömungen konnte sich auf der Riffzunge beeindruckendes Leben entfalten.

Black Forest

»Schwarzwald« – so tauften die Tauchguides einen Tauchplatz, der auch für Anfänger gut zu betauchen ist. Den Namen hat dieser Tauchplatz von einer Gruppe aus 30 – 40 schwarzen Korallen, die hier zu bestaunen sind. Der Taucher trifft sie auf etwa 22 m Tiefe an. Doch auch darüberhinaus hat diese Tauchstelle einiges zu bieten. Häufig finden sich hier riesige Schnecken, die Conches. An manchen Tagen ist das Riff über und über mit Seesternen jeder Form und Farbe bevölkert. Auch Stachelrochen treffen wir hier häufig an.

Bimini

Bimini ist die kleinste Inselgruppe der Bahamas und liegt nur 75 km von Miami entfernt. Sie ist deshalb ein beliebtes Ausflugsziel für viele US-Amerikaner, die zu einem Kurztrip herüberkommen. Dies schlägt sich natürlich auch in den Preisen nieder. Für ein Hotelzimmer sollte man 20 bis 40 % mehr als auf einer Andros-Insel einkalkulieren. Bimini wird von allen umliegenden Flugplätzen aus angeflogen, und der Flugplatz wird kräftig ausgenutzt. Denn viele Taucher und Glücksritter kommen, um das sagenumwobene Atlantis zu entdecken. In der Tat liegen auf dem Meeresgrund vor den Bimini-Inseln uralte, rätselhafte Steingebilde. Der Ursprung dieser Gebilde ist weitgehend unbekannt. Esoteriker behaupten, Bimini sei die Spitze eines riesigen Kristalls, der kosmische Energien einfängt und bündelt. Diese Energien seien auch Schuld daran, daß im nahegelegenen berühmt berüchtigten Bermudadreieck so viele Flugzeuge und Schiffe auf geheimnisvolle Art und Weise verloren gehen. Wie dem auch sei, Bimini hat schon immer einen großen Reiz und eine besondere Faszination auf die Menschen ausgeübt. Unter anderem auch auf den amerikanischen Schriftsteller Ernest Hemingway, der hier einige Jahre seines Lebens verbrachte.

Little Cavern

Dieser Tauchplatz weicht, was die Unterwasserlandschaft betrifft, von den sonst typischen Saumriffen ab. Hier stehen auf Sandgrund einige riesige Korallenformationen. Die Korallen bilden regelrechte Gebirge aus. Auch Anfänger haben eine gute Chance, Großfische zu beobachten. Denn obwohl am Tauchplatz so gut wie keine Strömung herrscht und er relativ flach liegt (20 bis 25 m), besuchen ihn Haie, Schwertfische und andere Raubfische.

Bimini Barge

In der Nähe des Docks von Bimini liegt das Wrack eines rund 40 m langen Dampfschiffes. Taucher mittlerer Ausbildungsstufen können es leicht aufsuchen, die Tiefen liegen um 30 m. Den Reiz des Schiffes macht das hier oft sehr klare Wasser aus. Bereits aus wenigen Metern Tiefe hat der Besucher einen kompletten Überblick über das ganze Wrack!

Off the Wall

»Off the Wall« ist in jeder Hinsicht ein Tauchplatz der Superlative – allerdings nur für den erfahrenen Taucher mit guter Kondition. Geeignet ist dieser Platz vor allem, um Drifttauchgänge in vollen Zügen zu genießen! Der hier vorbeifließende Golfstrom nimmt den Taucher mit und trägt ihn gemächlich an einer langen, üppig bewachsenen Korallenwand entlang. Auch die Tiefen sind an diesem Platz beachtlich, erst ab 40 m geht es richtig los! Dafür können wir Haie, Delphine, Rochen und Schwertfische sehen. Wer ganz besonderes Glück hat: Auch Wale wurden hier schon fotografiert!

Relikt aus spanischer Zeit ist die tiefe Gläubigkeit der Einheimischen

Eleuthera

Das langgestreckte Inselband im äußersten Osten des Inselstaates hat einen griechischen Namen – Eleuthera steht für Freiheit. Heute ist das rund 90 km lange und 7 km breite Inselchen die »Kornkammer« der Bahamas. Das meint, daß sich die Bewohner weniger vom Tourismus als von der Landwirtschaft ernähren. Trotzdem (oder deshalb?) gibt es rund um Eleuthera eine Reihe hervorragender Tauchplätze.

The Arch

Wie der Name sagt, eine Brücke, die von einer eingestürzten Korallenhöhle gebildet wurde. Bei 22 m beginnt der Spaß. Wer will, kann ihn in erst 40 m Tiefe beenden. Dazwischen wird man auf riesige Stachelmakrelenschwärme treffen, auf Stachelrochen und auf Muränen. Der Tauchplatz ist außerdem von Tausenden von Korallenfischen bevölkert. Engelsfische, vom »unscheinbaren« Grauen Engelsfisch bis hin zum prächtigen Königinnen-Engelsfisch trifft man hier an. Auch der »König der Meere«, der Hai, fehlt nicht. Der Platz bleibt leider fortgeschrittenen Tauchern vorbehalten.

Bahamesisches Wahrzeichen: Fast mannshoher Faß-Schwamm (Barrel Sponge)

The Blow Hole

Ein Platz, den die Gewalt der Wellen »extra für uns Taucher« geschaffen hat. Die Brandung schlug hier ein regelrechtes Amphitheather ins Korallengestein. Der Tauchplatz ist sicher, das heißt, auch von Newcomern problemlos zu betauchen. Neben der atemberaubenden Kulisse der Unterwasserlandschaft begeistert der üppige Bewuchs der Felsen mit Korallen und Schwämmen. Dazwischen finden sich Fische und Krustentiere jeder Art ein.

Grand Bahama

Grand Bahama ist vor allem durch eine Erfindung in die Weltgeschichte eingegangen: Es ist verbrieft, daß die Ureinwohner ihre Nächte in Hängematten verbrachten. Die Spanier haben diese »Anregung« aufgegriffen und ihre Schiffe sofort mit den praktischen Utensilien ausgestattet. Allen Historienfilmen zum Trotz, gab es vor 1492 keine Hängematten auf Schiffen. Doch dies nur am Rande.

Grand Bahama ist die nördlichste der Bahamas. Sie liegt nur etwa eine halbe Flugstunde von Florida entfernt. Be-

rühmt sind ihre langen, feinen Sandstrände. Über 90 km Strand stehen dem Besucher zur Verfügung. Auch wer einkaufen will, wird auf Grand Bahama schnell fündig. In der Inselhauptstadt Freeport gibt es zahlreiche Einkaufsstraßen. Bekannt sind der »International Bazaar« und der »Lucaja Market Place«. Wegen der Nähe zu Florida treffen wir auch hier viele amerikanische Touristen.
Die Inselhauptstadt Freeport wurde erst Ende der 50er Jahre fertiggestellt. 1953 hat man die Stadt auf dem Reißbrett entworfen. Typisch sind die breiten Highways, auf denen die Stadt erreicht und verlassen werden kann und das viele Grün, das den Flair amerikanischer Vorstädte vermittelt. Einen Stadtkern sucht man, auch dies nach amerikanischem Muster, vergeblich. Die Krönung des ganzen stellt ein Kasino dar, welches architektonisch im arabischen Haremstil gehalten ist.
Underwater Explorers Society (UNEXSO): Stellvertretend für die Tauchplätze rund um Grand Bahama stellen wir hier einen Tauchveranstalter vor, dessen Aktivitäten die Printmedien dieser Welt mit Attributen wie »Thrilling«, »Nervenkitzel«, »Bluthochdruck« usw. versehen haben. Die Geschichte der UNEXSO beginnt Anfang der 80er Jahre. Ausgangspunkt des Erfolgs war eine Überlegung: Die Tauchplätze um die Bahamainseln sind zwar »top«, was den Touristen jedoch fehlt, ist das gewisse »Mehr«. Man beschloß daher, ein Schiff als künstliches Riff und »Tatort« für Wracktauchgänge

In den »Fängen« einer Elchgeweihkoralle: Taucher im Gegenlicht. Die Korallenart treffen wir immer dort an, wo die See rauh ist

Todfeinde: Da junge Delphine auf der Speisekarte der Haie stehen, reagieren ausgewachsene Tiere oft aggresiv auf die Raubfische

Mit ihrer stumpfen Schnauze rammen Delphine die Haie weg. Das geht für den Hai oft tödlich aus

zu versenken. Mittlerweile ist dieses Schiff als »Theo´s Wreck« in die Tauchgeschichte eingegangen. Heute, rund 15 Jahre später, ist Theos ehemaliges Schiff völlig von der Natur vereinnahmt worden. Schwämme, Algen und Korallen haben es besiedelt. Auch Fische und Krustentiere fehlen nicht. Mit einer maximalen Tauchtiefe von 30 m nehmen die Underwater-Explorers-Society-Guides auch Anfänger mit auf den Tauchgang.

Nach dem Erfolg mit dem Wrack überlegte sich das Management weitere Highlights. Man kam auf Delphine. Im Jahr 1987 wurden von Mexico sechs atlantische Flaschennasen-Delphine nach Freeport eingeflogen. Eine lange Trainingsphase begann. Ziel war es, daß die Delphine den Taucher während seines Tauchgangs begleiten sollten. Darüber hinaus sollten sie auch als »Begegnungsattraktion« für Schnorchler und Schwimmer zur Verfügung stehen. Das harte Training war erfolgreich. Heute begleiten die Delphine Schwimmer, Schnorchler und Taucher. Tausende von Sporttauchern haben die UNEXSO- Delphine bis heute besucht. Diese trainierten Delphine ermöglichen auch immer wieder Begegnungen mit wilden Delphinen, die von den zahmen Delphinen angelockt werden.

Neuestes Projekt der UNEXSO-Leute ist das Anfüttern von Haien. Da in dem Gebiet, wo die Haifütterungen stattfinden, selten Haie getroffen werden, hatte man monatelang Fischkadaver im Wasser ausgelegt. Man hoffte, daß sich Haie so an den Platz gewöhnen würden. In der Tat war das Wasser schon nach kurzer Zeit von den eleganten Räubern bevölkert. Nun setzte man die Fütterungen auch unter Wasser fort. So gewöhnte das UNEXSO-Team die Tiere allmählich an die Anwesenheit von Tauchern.

Heute sind alle drei Attraktionen nicht mehr aus dem Unterwasserleben von Grand Bahama wegzudenken – egal, wie man als mitteleuropäischer Taucher darüber denken mag.

Long Island

Long Island ist in erster Linie wegen seiner zum Segeln und Surfen geeigneten Gewässer berühmt. Aber auch die Insel selbst hat einiges zu bieten. Die Bewohner von Long Island leben neben den Einnahmequellen, die der Tourismus bringt, vor allem von der Landwirtschaft. Wer die Insel, die sich von Nord nach Süd über etwa 50 km erstreckt, mit dem Schiff besucht, der wird sich vor allem über die hervorragenden Ankerplätze um das Kap Santa Maria freuen und über die Werft, die Schiffe von bis zu 35 m Länge aufnehmen kann.

Grouper Valley

So wie beispielsweise bei Madeira einmal jährlich im Frühling Mantas in einer bestimmten Bucht anzutreffen sind, so kann man sich darauf verlassen, daß jeden November tausende Zackenbarsche das Grouper Valley besuchen. Dieser Umstand, daß diese Fische sich in Schulen zusammenschließen, ist völlig ungewöhnlich. Zwar kennen wir Gruppen von drei, vier Exemplaren, von einem ausgesprochenen Schwarmverhalten ist jedoch nichts bekannt. Umso erstaunlicher, daß zu dieser Jahreszeit gerade dieser Ort aufgesucht wird.
Auch über dieses Ereignis hinaus hat der Tauchplatz viel zu bieten. Da wäre zunächst die grandiose Unterwasserlandschaft zu nennen, denn das Grouper Valley ist in hohe unterseeische Berge eingebettet. Wir können hier Tauchgänge in jedem Tiefenbereich bis hinunter zu 30 m unternehmen. Dabei treffen wir auch auf Großfische und ab und zu auf Delphine. Schildkröten und Rochen sind ebenfalls keine Seltenheit.

Grouper Village

Bei diesem Tauchplatz handelt es sich wieder um einen der fragwürdigen Fütterungstauchplätze. Die örtlichen Tauchguides haben hier einige Zackenbarsche »zahm gemacht«. Kaum daß sich Taucher dem Riff nähern, schon strecken die gefräßigen Räuber ihre massigen Köpfe zu den Höhlen hinaus. Sofort beginnt ein Betteln und Rangeln um die besten Stücke. Am besten schneidet dabei meist Brutus ab, ein gut 100 kg schwerer »Zacki«, der vermutlich schon in jedem Tauchmagazin der Welt abgebildet wurde.

Attraktion, auch für Anfänger: »Theo's Wreck« liegt nicht sehr tief. Allerdings heißt es draußen bleiben!

Die spinnen, die Taucher: Verständnislos beobachtet dieser Grooper den Fotografen

Shark Reef

Das Shark Reef bekam seinen Namen wegen der vielen Haie, die hier garantiert anzutreffen sind. Es handelt sich um eine durchaus illustre Gesellschaft, die sich da versammelt hat. Karibische Riffhaie, Zitronenhaie und sogar Bullen-Haie (die berüchtigten Bull Sharks) sind vertreten. Deshalb ist etwas Vorsicht geboten, denn der Bullen-Hai gilt als ziemlich aggressiv und die Zitronenhaie als unberechenbar. Tatsache ist, daß in Aquarien gehaltene Zitronenhaie keine leichten »Zwangsgäste« sind. Viele Aquarien entfernen sie deshalb aus ihrem Artenbestand und setzen sie wieder aus.

Haiangriffe am Shark Reef sind aber bisher keine bekannt. Dieser Tauchplatz ist deshalb besonders bei Tauchern beliebt und begehrt, die zuverlässig und ohne Risiko spektakuläre Aufnahmen von Haien schießen wollen.

Schiffsfriedhof »Cap Santa Maria«

1978 wurde hier das 30 m lange Schiff »MS Comberbach« versenkt. Es dient Tauchern als gefahrlos zu betauchendes Wrack und als Ausbildungsstätte für das Sonderbrevet »Wracktauchen«. Die »Comberbach« liegt in 30 m Tiefe auf ebenem Kiel. Nichts wurde geplündert, das Schiff ist voll intakt. Es kann komplett und sicher betaucht werden.

Nicht weit davon liegt das 15-m-Boot »Pleasure«. In der Tat war es ein »Pleasure-Cruiser«, der hier gesunken ist. Auch die »Pleasure« ist sicher und gefahrlos zu betauchen. Beide Wracks sind schön bewachsen. Unterwasserfotografen kommen in jedem Fall auf ihre Kosten. Neben beeindruckenden Unterwasseraufnahmen gelingen hier nämlich auch schöne Bilder von den Tieren, die in dem Wrack eine neue Heimat gefunden haben, wie zum Beispiel Langusten, Muränen und Zackenbarsche.

New Providence

Die Unterwasserwelt von New Providence ist Tausenden von uns längst bekannt. Allerdings nicht, weil dort jemals so viele Menschen getaucht haben, sondern vielmehr durch den James-Bond-Film »Thunderball«. Tatsächlich wurden die gesamten Unterwasseraufnahmen zu diesem Agentenfilm in den Gewässern um New Providence gedreht. Überhaupt, James Bond: In den sechziger Jahren und den frühen Siebzigern gab es für die Bevölkerung der Industrienationen kein erstrebenswerteres Reiseziel als die Karibik. Die Bahamas waren schon damals der Inbegriff von Exotik, bestem Wetter und freundlichen Menschen. Wen wundert es da, daß der Regisseur von »Thunderball« dieses Traumziel als Kulisse für seinen Film ausgewählt hat.

New Providence wird vor allem mit zwei Namen in Verbindung gebracht. Mit Nassau, der Hauptstadt der Bahamas und mit dem Ferienparadies Paradise Island. Die Hauptstadt wurde übrigens nach dem europäischen Herrscherhaus Nassau-Oranien benannt.

Während der Zeit der Prohibition waren es vor allem New Providence und Nassau, von wo aus der Alkoholschmuggel in die USA organisiert wurde. In dieser Zeit wurde in Nassau der Begriff des »Rumrunners« geprägt.

Die wenigen Tauchplätze, die New Providence aufzuweisen hat, liegen verteilt an der Nordost- und Südwestecke der Insel. Für die Nordostecke ist Nassau Ausgangspunkt, für den Südwesten Clifton Point.

»Sag-niemals-nie-Wrack«

Die Filmcrew, die den letzten James Bond–Film mit Sean Connery zu drehen hatte, versenkte vor der Südwestecke der Insel als Filmkulisse einen 34 m langen Frachter. Da die Lichtverhältnisse optimal sein mußten, durfte der Frachter nicht tiefer als 20 m liegen. Außerdem mußte ringsum viel weißer, reflektierender Sand sein. Eine geeignete Stelle fand man vor New Providence, wo ein

Träume süß! Kurze Rast am Straßenrand

Grüße aus dem Paradies. Palmen über türkisfarbenem Wasser

Frachter versenkt wurde, der in nur 15 m Tiefe auf ebenem Kiel liegt. Der ringsum blendend weiße Sand freut die Unterwasserfotografen, da sie so optimale Belichtungsverhältnisse vorfinden. Zusammen mit dem glasklaren Wasser hat man hier wirklich eine Traumkulisse zur Verfügung. Das Wrack ist schon von der Oberfläche aus deutlich zu sehen. Zunächst erscheint es klein, wenn man erst mal im Wasser ist und hinabtaucht, beeindruckt jedoch seine Größe.

Wer am »Sag-niemals-nie-Wrack« tauchen möchte, sollte darauf achten, daß dies früh am Tag geschieht. Da das Wasser ein beliebter Tauchplatz ist, wird es natürlich von vielen Tauchbasen angesteuert. Nur wer rechtzeitig dort ist, hat garantiert sauberes Wasser. In diesem Zusammenhang sei noch einmal auf die korrekte Tarierung während eines Tauchganges hingewiesen ...

Mahoney Wrack

Das Wrack der »Mahoney« ist eines der vielen ungelösten Rätsel der Seeschifffahrt. Das Schiff trug nie diesen Namen. Es hat ihn erst später von Fischern bekommen, die nicht wußten, wie das Wrack hieß. Das Schiff sank 1929 in einem Hurrikan – so vermutet man wenigstens. Aber aus jener Zeit wurden keine Schiffe als verlustig gemeldet. Auch kein Reeder meldete den Verlust jemals bei einer Versicherung an. Tatsache ist, daß das Schiff beim Sinken in zwei Teile gebrochen sein muß. Denn heute liegen Bug und Heck in rund 90 m Entfernung. Da das Schiff in nur 14 m Tiefe liegt, wurde es bereits von zahlreichen Tauchern aufgesucht. Die ersten, die das Wrack untersuchten, fanden hier Dynamit. Damit wurde das Wrack später flachgesprengt um zu verhindern, daß andere Schiffe auflaufen.

Wer das Wrack heute betaucht, sollte wegen der vielen Feuerkorallen ein wenig vorsichtig sein. Darüber hinaus ist die »Mahoney« auch mit prächtigen Gorgonien und Weichkorallen bewachsen. Da das Wrack besonders während des Gezeitenwechsels in einer starken Strömung liegt, muß man diesbezüglich achtsam sein. Andererseits bieten sich gerade während dieser Zeit gute Gelegenheiten, Raubfische und Raubfischschwärme zu beobachten. Namentlich Stachelmakrelen treten hier häufig auf, aber auch ein Zusammentreffen mit Barrakudaschwärmen und vereinzelte Haibegegnungen sind möglich.

Thunderball Reef

Das Thunderball Reef ist, wie bereits gesagt, Tausenden von Menschen aus dem gleichnamigen James-Bond-Film bekannt. Es ist etwa 90 m lang und 30 m breit. Das Riffdach liegt in nur etwa 3 m Tiefe. Das macht es, außer seiner Eignung zu einem Ausflugsziel für Anfänger, auch als Schnorchelgebiet geeignet. Schon in dieser geringen Tiefe können wir Langusten beobachten. Interessant ist das Riff auch während der Nachttauchgänge. Dann gehen Sepien und Oktopusse auf die Jagd. Der Taucher hat die Chance, im Freiwasser jagende Muränen zu beobachten. Die wahren Schönheiten des Riffs bei Nacht liegen jedoch im Makrobereich verborgen. Insbesondere kleine Krabben fallen immer wieder auf, die aufgeregt durch die Korallenwelt »wuseln« und prächtige Federsterne haben ihre Tentakeln entrollt. Auf dem Riffdach nehmen wir beim Austauchen noch viele Geweihkorallen wahr.

Röhrenwürmer fischen mit ihren Tentakeln Planktonorganismen aus dem Wasser

Belize

Wie in Honduras, so befinden sich auch in Belize die Tauchplätze bei den dem Festland vorgelagerten Inseln. Belize liegt südlich von Mexico und östlich von Guatemala auf der mittelamerikanischen Landbrücke. Vor Belize findet der Taucher einige der wenigen Atolle der Karibik. Wie sie entstanden sind, weiß man nicht genau. Fest steht nur, daß es keine Vulkantätigkeit war, die Belizes Atolle entstehen ließ, da keinerlei typische Anzeichen für Vulkanismus gefunden wurden. Vielmehr scheint es so zu sein, daß sich unterseeische Gebirge auf und ab bewegt haben und Teile davon, die heutigen Atolle, später nicht mit abgesunken sind. Diese etwas gewagte, jedoch wahrscheinlichste Theorie wird auch durch die nähere Umgebung der Atolle erhärtet. Sie sind an ihrem Außenriff nämlich von dramatischen Drop-Offs gekennzeichnet. Die Steilwände fallen hier an manche Stellen über 3000 m tief ab. Eine andere Besonderheit ist das Vorhandensein von Kalkstein. Im berühmten Blue Hole von Belize finden wir beeindruckende Tropfsteine. Da Tropfsteine durch Kalkablagerungen entstehen, bedingt durch sachte fließendes Kalkwasser, müssen diese Teile früher über der Meeresoberfläche gelegen haben.

Anders als die meisten Rifflandschaften der Welt sind die Riffe vor Belize uralt. Man schätzt, daß ihre Entstehung über 20 Millionen Jahre zurückreicht.

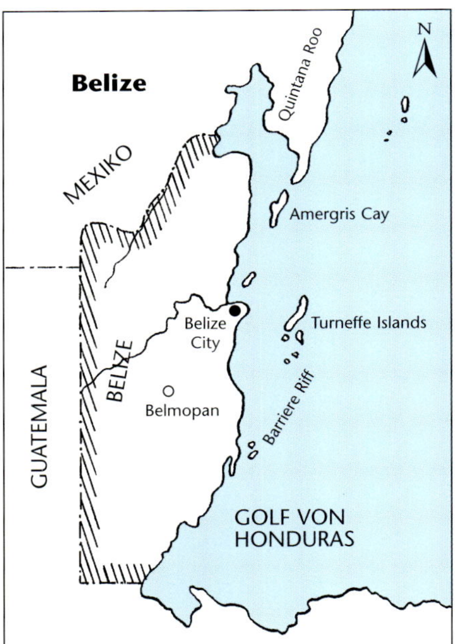

Maya, Spanier und die neue Zeit

Als erste hatten wohl die Maya Kenntnis von den Riffen vor dem heutigen Belize. Sie verfügten bereits über seetüchtige Kanus, mit denen sie sich über die vorgelagerten Riffinseln weit in die Karibische See vortasteten. Die schriftlich dokumentierte Geschichte der Riffinseln vor Belize beginnt im 16. Jahrhundert. Spanien und England stritten sich zu dieser Zeit um die Neue Welt. Die Kenntnis des genauen Küstenverlaufs sowie der Strömungen und Untiefen bedeutete einen militärischen Vorteil. Aus diesem Grund unterlagen Seekarten dieses Teils der Welt der höchsten militärischen Geheimhaltung. Je nach Lage der Dinge wechselten auch die Namen der Inseln vor Belize. Das heutige Lighthouse Reef hieß beispielsweise eine zeitlang Quadro Cayos, das heutige Glover Reef Longo Reef. Jahre später brachten die Engländer diesen Abschnitt in ihren Besitz und benannten die Riffe wieder um. Das Glover Reef erhielt seinen endgültigen Namen, das Lighthouse Reef wurde in Eastern Reef umgetauft. Der Name Glover Reef ist auf ebenso interessante wie ungewöhnliche Art zustande gekommen. Glover war ein berüchtigter englischer Pirat, der zahlreiche Schatzschiffe, die von Südamerika aus in Richtung Europa unterwegs waren, kaperte und ausraubte. Mit den Engländern traf dieser gerissene Freibeuter aber eine Absprache: Solange man ihn frei gewähren ließ, überfiel er ausschließlich spanische Schiffe. Nach ihm benannten die Engländer das Riff.

Heute wie bereits vor 200 Jahren sind die Inseln nur spärlich besiedelt, den Bewohnern steht nur wenig Land zur Verfügung und Süßwasser ist knapp. Diese Umstände haben eine dichtere Besiedlung verhindert. Die Bevölkerung lebt von der Landwirtschaft. Hühner und Schweine sind die am häufigsten gehaltenen Nutztiere. Die einzige nennenswerte Einnahmequelle ist der Verkauf von Kokosnüssen. Elektrischen Strom gibt es erst seit wenigen Jahren.

Etwas Aufschwung erhielt die Region in den 80er Jahren mit dem nun einsetzenden Tauchtourismus. Plötzlich interessierten sich Taucher aus aller Welt für die kleinen Inseln vor Belize. Es entstanden Hotels, eines davon steht auf Turneffe, ein anderes auf Glover. Im Südwesten Glovers folgte Ende der 80er Jahre

Oben: Beeindruckend sind die Stalaktiten im Blue Hole von Belize

Unten: Impressionen an einer Steilwand, in Belize ein häufiges Vergnügen

Oben:
Dschungelatmosphäre bei den »Butterfly-Falls«

Unten:
In Zentralamerika sind noch Jaguare anzutreffen

ein drittes, später wurde auch auf dem Lighthouse Reef eine Hotelanlage errichtet. Diese Anlagen werden vom Festland aus direkt angeflogen oder mit kleinen Fähren angesteurt. Allen Hotels sind Tauchbasen angeschlossen. Es bestehen auch Einkaufsmöglichkeiten für Taucher und ein gerissenes Maskenband kann hier selbstverständlich ersetzt werden.
Wer nach Belize reisen will, der sollte angesichts des beschränkten Zimmerangebots natürlich vorreservieren. Dem Lufttransfer auf die Inseln ist in jedem Fall der Vorzug zu geben. Bootstransfers von Belize City, Dangriga oder Sitteeriver aus werden zwar angeboten, dauern aber zwischen zwei und sechs Stunden. An manchen Tagen fallen sie zudem wegen zu rauher See aus.
Die touristische Infrastruktur um Belize verbessert sich von Monat zu Monat, zumal sich amerikanische und europäische Tauchtouristen zunehmend für dieses Traumziel interessieren. Einige namhafte Reiseveranstalter bieten inzwischen sogar Kreuzfahrten für Taucher an.
Belize ist im wahrsten Sinne des Wortes noch das Tropische Paradies wie aus dem Bilderbuch. Die Temperaturen sinken nie unter 24 °C, andererseits steigen sie auch selten über 30 °C. Der ständig von Osten wehende Passatwind sorgt für eine angenehme Kühlung. Die einzige Unwägbarkeit sind heftige Stürme, die in unregelmäßigen Abständen während des Sommers auftreten. Doch vor dem Schlimmsten ist Belize bisher verschont geblieben. Statistiker haben errechnet, daß ein starker Hurrikan nur alle sechs Jahre zu erwarten ist.
Das angenehme Klima wirkt sich natürlich auch auf die Wassertemperatur aus. Im Winter sinkt sie auf 26 °C, im

Sommer steigt sie auf durchschnittlich 29 °C. Trotzdem ist ein Tropentauchanzug empfehlenswert. Er schützt nicht nur vor Auskühlung, er verhindert auch Verletzungen durch nesselnde Meerestiere.

Je nach Jahreszeit oder Windverhältnissen variieren auch die Sichtweiten. Sie reichen von nur etwa 20 m bis zu einer Sicht von über 50 m.

Die offizielle Landeswährung ist der Belize-Dollar, der US-Dollar wird jedoch überall akzeptiert. Mehr noch, im täglichen »Einkaufsleben« wird er höher gehandelt als zum offiziellen Wechselkurs.

Wer allerdings meint, in Belize ein Shopping-Paradies vorzufinden, der täuscht sich. Das Angebot beschränkt sich auf einige wenige handwerkliche Produkte sowie Schmuck aus Schwarzen Korallen, Perlen oder Schneckengehäuse. Letztere Dinge kaufen wir als umweltbewußte Taucher aber sowieso nicht.

Wie auch immer, wer des Tauchens wegen nach Belize reist, wird hier ideale Bedingungen vorfinden. Die Riffe vor der Küste erstrecken sich über knapp 300 km. Auch befindet sich hier das zweitgrößte Barriereriff der Welt. Entsprechend spektakulär sind die Tauchplätze.

Das wohl populärste Tauchgebiet von Belize ist das Lighthouse Reef. Andere Tauchplätze wie die Half Moon Wall oder das Blue Hole werden ebenfalls von Tauchschiffen angefahren. Es muß jedoch darauf hingewiesen werden, daß sich kaum einer der Plätze für Anfänger eignet. Höchstens in Begleitung des Tauchlehrers können diese einige Stellen betauchen. Das Blue Hole selbst sollte auch von erfahrenen Tauchern nur in Begleitung eines ortskundigen Tauchlehrers besucht werden.

Blue Hole

Das »Blaue Loch« von Belize wurde in den 70er Jahren durch einen Dokumentarfilm von Jacques Cousteau weltbekannt. Das große, runde und tiefe Loch liegt inmitten eines etwa 200 km² großen Gebiets, das durch flaches Wasser gekennzeichnet ist. Der Abbruch beginnt bereits in etwa 2 m Tiefe. Dann geht es bis auf knapp 130 m hinunter. Das Blue Hole ist außerdem von einem fast geschlossenen Korallenring umgeben, der nur im Norden und Osten durchbrochen ist. Durch diese Passagen fahren die Tauchschiffe ein.

Die besten Tauchstellen liegen im Norden und Süden des Blue Hole. Hier finden wir in ca. 30 bis 50 m Tiefe atemberaubende Höhlenformationen vor. Je nachdem, wo das Schiff liegt, sollten wir zu diesen Stellen erst einmal schnorcheln. Das spart Luft! Dies ist wichtig, da wegen der Tiefe von 40 bis 50 m, in die

Turteltäubchen: Zwei Kofferfische beim Liebeswerben

man eventuell absteigt, die Nullzeit sehr kurz ist. Deshalb kann leicht ein Dekotauchgang daraus werden.
Die Wand im Blue Hole fällt nicht senkrecht ab, an manchen Stellen befinden sich Überhänge. Unter diesen finden wir gigantische Stalaktiten. Einige von ihnen haben einen Durchmesser von einem Meter und sind 6 m lang. Das heißt, daß sie tausende von Jahren alt sein müssen. Wenn wir tiefer tauchen, erreichen wir den Boden eines hier beginnenden Höhlensystems. Am Grund liegen einige abgebrochene Stalaktiten. Erstaunlicherweise sind die Wände aber nicht kahl, sondern von Algen und Schwämmen bewachsen. Auch Röhrenwürmer haben hier ihre Wohnröhren gebaut. Weiter oben, in lichteren Zonen, finden wir vereinzelt Hornkorallen. Manchmal, jedoch nur sporadisch und unzuverlässig, stellen sich auch Schildkröten und Haie am Blue Hole ein.
Tauchen im Blue Hole bedeutet jedoch nicht Tauchen um der biologischen Sensationen wegen. Tauchen im Blue Hole heißt vor allem, sich an einer grandiosen, ja gewaltigen Unterwasserlandschaft zu erfreuen.

Half Moon Wall

Ein weiterer »Ausnahme-Tauchplatz« ist die Half Moon Wall am Lighthouse Reef. Dieser Tauchplatz wird ebenfalls gerne von den ansässigen Tauchschulen aufgesucht, und zwar deswegen, weil zwei völlig verschiedene Tauchgänge möglich sind, ohne die Boote bewegen zu müssen. Bei den Tauchgästen ist die Wand in erster Linie wegen ihres üppigen Bewuchses und der beeindruckenden Artenvielfalt beliebt. Der erste Tauchgang, der der tiefere sein sollte, führt uns an die Wand selbst. Der Abbruch, der sehr schön von Korallen und Schwämmen bewachsen ist, beginnt bei etwa 10 m Tiefe. Danach fällt die Wand ins Unendliche ab. Strömung hat es hier fast nie, wenn doch, dann tritt sie nur leicht auf. Auch die Sichtweite liegt selten unter der 30 m-Grenze. Nur: Trüb kann das Wasser manchmal schon werden, nämlich immer dann, wenn besonders viel Plankton im Wasser schwebt. Das wiederum bringt aber weitere Vorteile mit sich, denn jetzt kommt die Stunde der Mantas. Diese gewaltigen Rochen durchpflügen dann das Wasser an der Half Moon Wall, um sich ihre Nahrung aus dem Meer zu fischen. Die Mantas locken andere Großfische wie beispielsweise Haie an, die sich weiter draußen im Freiwasserbereich aufhalten.
Die Wand bildet an manchen Stellen interessant bewachsene Höhlen und Grotten aus. Unter schattigen Überhängen finden wir hier grüne Riesenschwämme. Auch Röhrenschwämme in allen Farben und in jeder Größe haben die Riffwand besetzt. Beeindruckend ist auch die große Zahl der Zackenbarsche und Schnapper. Tagsüber halten sie sich unter den Überhängen und in den Höhlen verborgen. Ein Blick ins Freiwasser beschert uns immer wieder Begegnungen mit Schildkröten und Adlerrochen.
Nach einer ausgiebigen Pause und einem kleinen Imbiss auf dem Boot können wir dann zu einem Tauchgang ganz anderer Art starten. Dieser findet als zweiter Tauchgang jetzt nur noch im Flachwasser statt. Sandgrund ist unter Tauchern nicht gerade beliebt, sagt man

doch, daß ein Tauchgang über Sand langweilig sei. Nicht aber an der Half Moon Wall! Duch das üppige Leben vor der Riffwand spielt sich hier auch im Sand einiges ab. Hier können wir die seltenen Sandaale beobachten, Stachelrochen, die sich im Sand eingegraben haben und viele Arten von Plattfischen. Ein Wort noch zu den Sandaalen: Diese sind sehr selten und auch extrem scheu. Über der Half Moon Wall können wir sie zu hunderten beobachten. Aus sicherer Entfernung sehen wir, wie sie ihre Köpfe aus dem Sand strecken. Der hintere Teil des Körpers bleibt im Sand versteckt. Wenn wir uns nähern oder sie eine Druckwelle von unserem Flossenschlag zu spüren bekommen, verschwinden sie blitzschnell wieder im Sand.

Die Half Moon Wall sollte nur von Tauchern mittleren Erfahrungsgrades oder von Fortgeschrittenen betaucht werden. Der Sandgrund darüber ist jedoch für Neulinge ein geradezu ideales Tauchrevier. Strömung tritt hier fast nie auf. Bleibt der Neuling an der Abbruchkante oder dicht darunter, so ist auch das Betauchen der eigentlichen Wand gefahrlos möglich.

Nurse Shark Lodge

Ähnlich wie bei uns, sind auch in der Karibik die Tauchplätze meist nach charakteristischen Naturgegebenheiten und Besonderheiten benannt, die dort zu sehen sind. Auf diese Weise ist auch der Name Nurse Shark Lodge entstanden, der nur unzureichend mit »Ammenhaiwohnung« zu übersetzen ist. Ammenhaie liegen gerne am Boden. Umso erstaunlicher ist es daher, daß sie sich ausgerechnet hier, an einer Wand, so wohl fühlen sollen. Des Rätsels Lösung sind die vielen kleinen Höhlen und Kammern in der Riffwand. Hierhin ziehen sich die faulen Gesellen nämlich gerne zurück. Ammenhaie sind Grundhaie, deren bevorzugte Nahrung Schnecken, Muscheln und andere Krustentiere sind. Auf ihren ausgedehnten Streifzügen durchs Riff »grasen« sie das Angebot geradezu ab. Dementsprechend ist auch ihr Gebiß ausgebildet. Es handelt sich nicht um das typische Haigebiß, sondern vielmehr um eine Art »Mahlwerk«, mit dem die harten Schalen der Beute geknackt werden. Doch finden wir hier auch über die Ammenhaie hinaus eine faszinierende Artenvielfalt vor. Im Freiwasser sehen wir Barrakudaschwärme und Schildkröten.

Der Tukan ist eine farbenprächtige Erscheinung. Auf den Inseln der Karibik wurde er leider weitgehend ausgerottet

Eine Seescheidenkolonie hat Besitz vom Korallenast ergriffen

Manchmal zieht auch ein Hochseehai seine Bahn. Im Riff selbst ist eine Vielzahl von Fischen heimisch. So die grauen Engelsfische, viele Muränenarten und auch Zackenbarsche. Wie überall in der Karibik, so sind auch hier viele große und kleine Schwammarten zu entdecken. Die Nurse Shark Lodge kann von Tauchern mittleren Erfahrungsgrades problemlos alleine betaucht werden. Die Strömung ist minimal, manchmal gibt es auch gar keine Strömung. Wenn Sie keine Tieftauchgänge unternehmen wollen, so finden Sie schon in Wassertiefen um die 10 m interessante Lebewesen vor. Wer in die Wand hineintaucht, dem setzt lediglich die Tauchphysik nach unten Grenzen. Vorsicht und Verantwortungsbewußtsein dem Tauchpartner und sich selbst gegenüber sind also oberstes Gebot. An dieser Stelle sei noch einmal ausdrücklich auf die Disziplin beim Tauchen hingewiesen.

Eagle Ray Wall

Die »Adlerrochenwand« kann wieder sowohl von blutigen Anfängern als auch von »Profis« betaucht werden. Jeder wird hier auf seine Kosten kommen. Sogar Schnorchler können dort im flachen Wasser interessante Meerestiere und farbenfrohen Bewuchs vorfinden. Wieder handelt es sich um eine Wand. Der Abbruch beginnt bei etwa 11 m. Strömung herrscht nur selten. Auch hat der Taucher die Wahl, ob er sich lieber in der flachen Riffabbruchzone aufhält oder in die Wand hineintauchen möchte, die dramatisch in die Tiefe abfällt. Sie ist reich mit Korallen und Vasenschwämmen bewachsen. Auffällig sind die vielen farbenprächtigen Schnecken, die hier heimisch sind. Kein Wunder, sind Schwämme doch ihre bevorzugte Nahrung. Auch an der Eagle Ray Wall finden wir wieder Grotten, die von Ammenhaien bewohnt sind.

Der Höhepunkt an der Adlerrochenwand, wie könnte es auch anders sein, ist jedoch die Begegnung mit eben diesen Tieren. Manchmal ziehen sie im Freiwasser in Schulen vorbei, ein anderes Mal begegnen wir vereinzelten Exemplaren direkt an der Wand. Wie auch immer, Unterwasserfotografen und -filmer werden hier in jedem Fall voll auf ihre Kosten kommen.

Cayman Islands

Die Cayman Islands sind in erster Linie in der internationalen Finanzwelt ein Begriff. Hier laufen die Fäden einiger der größten Industrieunternehmen zusammen; hier haben zahlreiche große Firmen der ganzen Welt ihre Niederlassungen. Kein Wunder, denn der Steuersatz auf den Caymaninseln geht gegen Null. Und Steuern sparen wollen wir schließlich alle.

Die Caymans wurden 1503 von Christoph Kolumbus auf seiner vierten Reise in die Neue Welt entdeckt. Vermutlich landete er auf Little Cayman oder Cayman Brac, schließlich entdeckte er jedoch alle drei Inselchen. Cayman Brac taufte er »Las Tortugas« weil die Gewässer rund um die Insel von zahlreichen Seeschildkröten bevölkert waren. Schildkröten können an Bord eines Schiffes bis zu einem Jahr lang überleben. Deswegen wurden sie früher von den Weltumseglern als lebender Proviant mit an Bord genommen. In erster Linie war es dieser Umstand, der die Caymans zum beliebten Anlaufpunkt von Seefahrern werden ließ – selbstverständlich mit allen negativen Konsequenzen. Die liebenswerten Reptilien waren schon fast ausgerottet, als sich vor etwa 25 Jahren eine Gruppe engagierter Umweltschützer um deren Fortbestand zu kümmern begann. Mit Erfolg, denn heute ist erfreulicherweise eine langsame Erholung der Bestände zu verzeichnen.

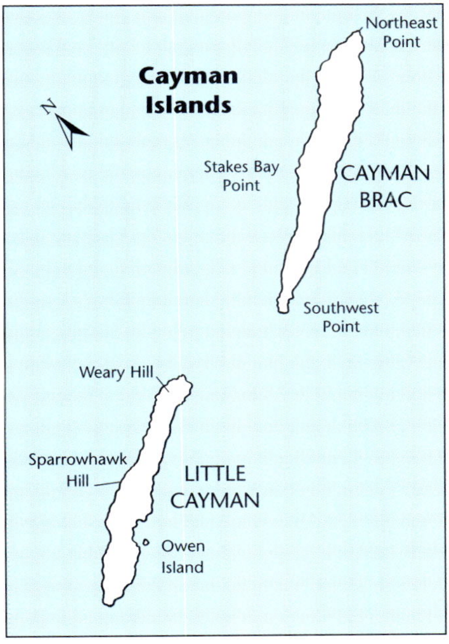

Im Jahr 1530 erhalten die drei nordwestlich von Jamaica und südlich von Kuba liegenden Inseln ihren endgültigen Namen: Las Caymanas. Man übernahm den Namen der Indios, die die Inseln so nannten, weil kleine Kaimane die Küsten bevölkerten.

Noch 1586 schrieb Francis Drake über die Caymans, daß sie »wüste, unbewohnte Inseln« seien. Vor den Küsten wimmle es vor »großen schrecklichen Schlangen«, die von den Indianern Caymanas genannt würden. Nur wenige Jahre später schreibt der Seefahrer William King jedoch, daß er Süßwasser, Schildkröten und auf dem Land ein geradezu überquellendes Leben vorgefunden hätte.

Als man daran ging, die Neue Welt unter den europäischen Großmächten aufzuteilen, kam es auch in den Gewässern der Karibik zu erbitterten Seeschlachten. Nachdem England, Frankreich, die Niederlande und Spanien damit begonnen hatten, die Schätze der süd- und mittelamerikanischen Indianer zu plün-

Jede Insel der Karibik behauptet von sich, den schönsten Sonnenuntergang zu haben. Hier das tägliche Schauspiel auf Grand Cayman

dern, entwickelt sich in der Karibik ein florierendes Piratentum. Erst die Eroberung Jamaicas durch Oliver Cromwell und die folgende Ächtung der Piraterie ließ Ruhe in die Region einkehren. Einige der führenden Piraten wurden 1730 auf Cayman Brac und Little Cayman verbannt, darunter auch der berühmt berüchtigte Piratenkapitän Blackbeard. Aus diesem Grund haben sich bis heute hartnäckige Gerüchte gehalten, daß die Gewässer um die Cayman Inseln noch viele unentdeckte Piratenschätze bergen.
Neben Steuerflüchtlingen aller Industrienationen, die ihr Kapital auf den Caymans anlegen, bestehen die wahren Schätze der Inseln jedoch in der wahrhaft überwältigenden Natur und dem daraus resultierenden Geschäft mit Touristen aus aller Herren Länder, für die diese Inseln der Inbegriff des Urlaubs schlechthin sind.

Die Caymans heute

Die Caymaninseln laden ihre Besucher zu einer Reihe abwechslungsreicher Aktivitäten ein. Tauchen, Segeln, Surfen und Fischen sind dabei die beliebtesten Tätigkeiten. Hinzu kommen die Aktivitäten der internationalen Finanzwelt. Die Inselhauptstadt George Town verzeichnete Anfang der 90er Jahre in einer offiziellen Statistik 620 000 Übernachtungen. Viele der Besucher besitzen hier ihr eigenes Häuschen. In der Tat finden wir am Strand nördlich der etwas verschlafen wirkenden Inselhauptstadt eine Reihe von kleinen Hotels, Bungalows und Restaurants.
Und wir Taucher? Carl Roessler schreibt in seinem »Diving and Snorkeling Guide«: »Für Taucher bieten die Caymans das kompletteste Angebot der Welt – Schnorcheln, Tauchgänge vom Land aus, Tagesausflüge mit dem Boot und ganze Bootstouren. Was immer Sie wollen, hier finden Sie es.«
Das Klima ist rund ums Jahr angenehm. In den Wintermonaten, während denen arktische Tiefausläufer auch die Karibik erreichen können, »fällt« die Temperatur an manchen Tagen auf 20 °C. Sonst liegen dieTemperaturen ganzjährig um die 30 bis 40 °C. Die Wassertemperatur sinkt nie unter 25 °C. Ideale Bedingungen also.
Die meisten Taucher, die die Insel besuchen, werden in den Hotels auf Grand Cayman um die Inselhauptstadt George Town untergebracht. Hier im Hafen legen auch die großen Kreuzfahrtschiffe an.
Was haben die Inseln neben Tauchen noch zu bieten? Selbstverständlich jede andere Form von Wassersport – an Land

ist außer Wandern, Joggen und Fahrradfahren nicht viel geboten.

Tauchen um Grand Cayman

In den Tauchreiseführern der Welt, den zahlreichen Reisereportagen in den Medien und in den Prospekten der Reiseveranstalter werden immer wieder die berühmten Plätze wie das Pearl Reef, Eden Rock oder Bonnie Arch beschrieben. Tatsache ist aber, daß man von fast jeder beliebigen Stelle aus ins Wasser gehen kann und einen tollen Tauchplatz vorfindet. Wer mit dem Boot unterwegs ist, hat es besonders einfach. An jeder beliebigen Stelle können Taucher und Schorchler ins Wasser springen und finden ihre Erwartungen voll erfüllt.

»Balboa Wrack«

Unmittelbar vor dem Pear der Inselhauptstadt George Town liegt das Wrack des Frachters »Balboa«. Besser gesagt das, was davon noch übrig ist. Große Wrack- und »Skeletteile« des ehemaligen Schiffs liegen hier auf dem Sandgrund verstreut. Anfänger finden ideale Bedingungen vor. Es herrscht nie Strömung und die Wrackteile liegen in nur 8 bis 12 m Tiefe. Wer ein Boot hat und auf eigene Faust ausfahren kann, der benötigt noch nicht einmal einen Tauchguide. Nicht zuletzt deswegen ist die »Balboa« eine der beliebtesten Tauchstellen der Cayman Inseln. Auch Schnorchler kommen hier voll auf ihre Kosten. Wer nicht so tief abtauchen kann, der sollte sich trotzdem die Wrackteile in aller Ruhe von der Oberfläche aus ansehen, denn die Sichttiefen sind meistens ganz hervorragend. Hinzu kommt, daß die Lage des Wracks mit einer Boje gekennzeichnet ist. Die malerische Schiffsschraube liegt etwas vom Wrack entfernt, dafür in nur 7 m Tiefe.
Ein Minuspunkt dieses faszinierenden Tauchplatzes sind die vielen Fische. Was paradox klingt, findet seine Erklärung darin, daß die hier lebenden Fische von den zahlreichen Tauchern regelmäßig gefüttert werden. Über Besucher fallen sie deswegen in regelrechten Scharen her, und sie können sich manchmal recht aggressiv verhalten – besonders wenn sie merken, daß die neue Tauchgruppe nicht beabsichtigt, Futter zu verteilen. Der Artenreichtum am Wrack ist beachtlich. Wir finden im Sand Plattfische, zahlreiche Muränenarten, kleine Zackenbarsche, Engelsfische und Papageifische. Übrigens: Die »Balboa« ist eines der beliebtesten Ausflugsziele für Nachttauchgänge. In der Dämmerung und in der Nacht finden wir auch hier Oktopusse und Conger.

Karibische Lebensfreude vermitteln die stets gutgelaunten Menschen

Aquarium

Der Name dieses Tauchplatzes ist Programm. Die Tauchstelle heißt »Aquarium«, weil es hier vor Fischen nur so wimmelt, die Sicht meist ungetrübt ist und wir nur 10 bis 15 m tief tauchen müssen, um die Highlights zu erleben.
Im flachen Wasser gedeihen Hornkorallen jeder Art prächtig. Dazwischen tummeln sich Koffer- und Igelfische. Im Gewirr der Äste halten sich zahlreiche Trompetenfische versteckt. Auf den hier ebenfalls zahlreichen Schwämmen finden wir eine Reihe von verschiedenen Nacktschnecken, deren bevorzugte Nahrung die Schwämme sind.

Oben: Badefreuden an Caymans Küsten

Links: Taucher hinter Fächerkoralle

Schwämme verfügen über ein dünnes, scharfes Skelett, was die Schnecken aber nicht weiter stört. Sie lagern die nadelspitzen Skeletteile in den büschelweise aus ihrem Körper stehenden Darmenden ab. Feinde werden bereits durch die auffällige Färbung der Schnecken gewarnt. Wer die Schnecke frißt, der verschlingt auch die nadelspitzen Skeletteile der Schwämme. Ein Grund, weshalb viele Fische lieber eine andere Beute aussuchen.
Das »Aquarium« ist außerdem berühmt für die vielen hier heimischen Blaustreifengrunzer. In Schulen mit Hunderten von Tieren streifen sie an diesem Tauchplatz durch das Riff.
Auch dieser Tauchplatz eignet sich besonders für Anfänger. Die Tiefen sind gering, die Sichtweiten gut und es hat nie Strömung. Ein Grund, weswegen der Tauchplatz auch oft von Tauchschulen angefahren wird, die ihre Neulinge hier die ersten Freiwassertauchgänge machen lassen. Was für ein Einstieg für jemanden, der bislang im Swimming-Pool nur »Fliesen gezählt« hat ...

Das Wrack der »Oro Verde«

Oro Verde heißt übersetzt grünes Gold. Ein passender Name für ein Schiff, das vorwiegend dazu diente, Drogen wie Cannabis und Kokain von Südamerika aus in die Industrieländer zu schmuggeln. Der kleine Frachter, der zu seinen »Lebzeiten« unter venezuelanischer Flagge lief, sank im Mai 1980, nachdem er auf eine Sandbank aufgelaufen war. Ein gleich nach dem Untergang einsetzender Sturm versetzte das Wrack um rund 100 m weiter in tieferes Wasser. Die ansässigen Tauchschulen reagierten sofort und befreiten das Wrack von allen gefährlichen Teilen wie Glassplittern oder scharfen Metallteilen. Zusätzlich wurden Türen und Schotts entfernt. Dies ist der Grund, wieso die »Oro Verde« heute in den Gewässern der Caymans als leicht zu betauchendes Wrack eingestuft wird. Es liegt in maximal 15 m Tiefe, die obersten Wrackteile beginnen schon rund 8 m unter der Wasseroberfläche. Strömung herrscht keine. Trotzdem wird das Wrack von vielen Fischen bevölkert. Besonders auffällig sind die vielen Gelbschwanzschnapper. In den unübersichtlichen Gängen und vielen Schlupfwinkeln im Inneren des Wracks haben sich zahlreiche Muränen, Tintenfische und Krustentiere angesiedelt. Tagsüber leben sie hier in friedlicher Gemeinschaft nebeneinander, nachts ist keiner vor dem anderen sicher.

Harmonie der Farben. Schwämme und Kameragehäuse gleichen sich

Im Gegensatz zur oben beschriebenen »Balboa«, die ein Hindernis für die Schiffahrt darstellte und deswegen gesprengt wurde, ist die »Oro Verde« völlig intakt. Sie wird deswegen auch gerne von den Tauchbasen als Schauplatz für die Abnahme des Sonderbrevets Wracktauchen genutzt. Das Wrack liegt leicht auf seine Steuerbordseite geneigt auf ebenem Sandgrund. Auch wer es gerne auf eigene Faust betauchen möchte, wird sich im kristallklaren Wasser schnell zurechtfinden. Zwei Landmarken, eine größere Palme und ein Hausgiebel, markieren die Stelle zusätzlich.

Orange Canyon

Der Orange Canyon erhielt seinen Namen von den vielen orangefarbenen Tonnen-Schwämmen, mit denen diese grandiose Steilwand bewachsen ist. Taucher mittlerer Ausbildungsstufe und mittleren Erfahrungsgrades können den spektakulären Tauchplatz problemlos betauchen. Das Riffdach liegt in ca. 15 m Tiefe. Danach fällt das Riff senkrecht ins Unendliche ab. Auf dem Riffdach, also noch im flachen Wasser, haben sich üppige Geweihkorallen niedergelassen, dazwischen zahlreiche Schwämme und

Die Farbe Rot fehlt in karibischen Riffen fast völlig. Der Fotograf setzte deshalb einen roten Filter vor die Lampe des Tauchpartners

Hornkorallen. Bevölkert wird dieses schier undurchschaubare »Gehölz« von Papageifischen, Feilenfischen und einer Vielzahl von Engelsfischen. Noch weiter unten finden wir große Fächerkorallen, die sich quer zur Strömung gestellt haben. Einige von ihnen sind gut 2 m groß und bilden, mit einem Taucher als Größenvergleich, ein beeindruckendes Motiv oder eine Filmkulisse. Tiefer, in 20 bis 25 m, treffen wir dann auf die großen orangenen Tonnen-Schwämme. Je nach Lichteinfall und Art leuchten sie in Orange, dunklem Gelb, zartem Rosa oder Lila.

Charakteristisch für diesen Tauchplatz sind auch die vielen Drückerfische. Achtung: Bei den Drückerfischen hat das Männchen die Brutpflege übernommen. Während der Laichzeit können die Fische ziemlich aggressiv werden. Immer wenn ein Taucher dem Gelege zu nahe kommt, wird das Männchen seine Attacken beginnen.

Grand Canyon

Der Grand Canyon ist ein Tauchplatz, der vor allem durch seine grandiose Unterwasserlandschaft beeindruckt. Der Tauchgang beginnt hier erst bei 21 m attraktiv zu werden. Vorher wird an der Ankerleine abgetaucht. Erst bei 21 m treffen wir dann auf das Riffdach. Das heißt, daß der Taucher bereits einige Erfahrung mitbringen sollte, wenn er hier tauchen möchte. Den Namen »Canyon« erhielt der Tauchplatz deswegen, weil sich hier ein breites, 45 m tiefes Unterwassertal befindet. Die Wände sind üppig mit jeder Art von Korallen und Schwämmen bewachsen. Wegen seiner Größe kann der Tauchplatz unmöglich während eines einzelnen Tauchganges vollständig erschlossen werden. Zu vielfältig sind die Möglichkeiten. Hier ein kleiner Durchschlupf der entdeckt werden will, dort ein Überhang, an dessen Unterseite wir Tausende von Krustenanemonen finden. Die vielen Versteckmöglichkeiten des üppigen Bewuchses

Steilwandtauchen ist an der North-Wall angesagt. Schwarze Korallen im Canyon

Interessantes Überbleibsel aus der Kuba-Krise: Riesige Schraube eines Schiffes, effektvoll durch einen Größenvergleich mit dem Taucher in Szene gesetzt

haben auch eine Vielzahl an Raubfischen angelockt. Grouper, Schnapper und Grunzer patroullieren interessiert entlang der Wände. Auch die Tarpune treten in Scharen auf.

Noch eine Bemerkung am Schluß: Der Grand Canyon endet nicht bei einer Sohlentiefe von 45 m. In einer zweiten Stufe geht es auf 60 m, von dort scheinbar ins Unendliche. Entsprechende Vorsicht und Disziplin ist daher geboten. Tieftauchgänge dürfen nur nach sorgfältiger Planung unternommen werden.

Little Cayman und Cayman Brac

Auch die benachbarten »kleinen Schwestern« von Grand Cayman haben schöne Tauchplätze zu bieten. Vor allem sind es die Plätze um den Jackson Point, die Taucher aus aller Welt anziehen. Hier finden wir faszinierende, üppig bewachsene Steilwände, die bis zu 60 m Tiefe abfallen. Allerdings hängt der Erfolg oder Mißerfolg eines Tauchganges hier in erster Linie vom Wetter ab. Manche Tauchplätze können, ist man erst einmal vor Ort, nicht betaucht werden, weil das Wetter nicht mitspielt, der Wind zu stark oder der Wellengang zu hoch ist. Schiffskapitäne und Tauchguides verfügen über genügend Erfahrung mit diesen Gewässern, so daß Sie ihnen bedenkenlos vertrauen können, wenn sie sagen, daß beispielsweise die Bloody Bay Wall oder die Western Bay nicht angefahren werden können.

Doch auch andere Tauchplätze haben einiges zu bieten. So trifft man beispielsweise oft auf die anderswo selten gewor-de Schwarze Koralle. Hier tritt sie gleich in riesigen Büscheln auf. Doch viele Taucher erkennen sie erst gar nicht, denn unter Wasser ist das schwarze Skelett beim lebenden Tier von einer hellgelben bis dunkelorange variierenden Hautschicht bedeckt.

Der Hinweis sollte überflüssig sein, daß sich umweltbewußte Taucher bei einem Einkaufsbummel in George Town beim Erwerb von Produkten aus Schwarzen Korallen zurückhalten, obwohl sich diese in fast jeder Auslage der Schmuckgeschäfte finden.

Honduras

Tauchen in Honduras, das heißt tauchen um die Inseln der karibischen See. Dem Land auf der mittelamerikanischen Landbrücke sind fünf Inseln beziehungsweise Inselgruppen vorgelagert, in deren Gewässern es sich hervorragend tauchen läßt!

An Honduras denken wir oft zuletzt, wenn wir einen Tauchurlaub planen. Zu Unrecht! Das zentralamerikanische Land hat neben unvergleichlichen Tauchplätzen eine Menge an unverwechselbarem Lokalkolorit und viel, viel Natur und Kultur zu bieten. Wer also auf Roatan, Guanaja oder Barbareta seinen

Experimentelle Fotografie am Hausriff der Cayman-Diving-Lodge

Tauchurlaub verbringt, der sollte einen Ausflug auf das Festland einplanen.
Was die Einheimischen übersetzt »Bay Islands« nennen, stieg in grauer Vorzeit durch vulkanische Tätigkeit an die Wasseroberfläche. Die Inseln sind also nichts anderes, als die Gipfel unterseeischer Vulkane.
Später bevölkerten die Payan-Indianer die Eilande. Kolumbus taufte 1502 Guanaja auf den Namen »Islas de los Pinos«, Inseln der Pinien. Noch heute finden wir Pinien auf den Inseln, doch weitaus weniger, als damals, denn die Konquistadoren holzten einen Großteil ab, um ihre Schiffe zu reparieren und um neue Segler zu bauen. Wie auch überall sonst erlitt die Urbevölkerung ein grausames Schicksal. Um die Lage (nicht vorhandener) Goldadern zu erfahren, verschleppte man sie in die Minen des Festlandes. Viele starben unter der Folter. Im weiteren Verlauf der blutigen »neuen Zeit« wurden die Inseln von Piraten als Schlupfwinkel genutzt.
Bereits um 1800 zählten die fünf Inselgruppen zu Honduras. Aber noch heute, rund 200 Jahre später, ist der englische Einfluß auf den Bay Islands zu spüren, denn nach den Spaniern besetzten die Engländer die Inseln. Das Festland blieb unter dem Einfluß der spanischen Krone. So spricht man in Honduras, dem Mutterland der Inseln, traditionell spanisch, während man »draußen« englisch parliert. Ohne Zweifel zählen die Eilande vor Honduras landschaftlich zu den Höhepunkten in der Karibik.

Roatan

Die größte der Inseln heißt Roatan. Sie ist 12 km lang und nur einen knappen Kilometer breit. Gekrönt wird sie von schönen, bewaldeten Höhenzügen. Im Regenwald finden sich kristallklare, kühle Seen, gespeist von Bächen und kleinen Wasserfällen – ungewöhnlich für die Karibik und deshalb umso angenehmer.
Auf Roatan finden sich drei größere Orte, in denen etwa 80 % der Bevölkerung leben: Oak Ridge, French Harbour und Coxen Hole. Auf dem Flughafen Roatans landen die Jets, die die Besucher einfliegen.

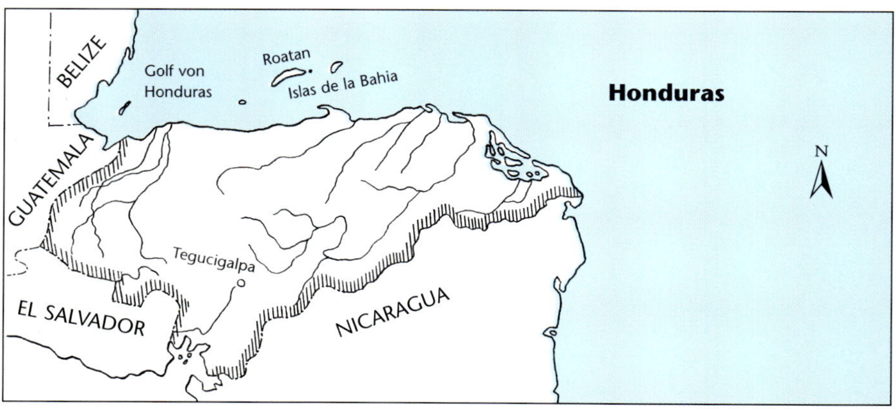

Traum aus Wasser, Himmel und Landschaft: Antony's Key Resort, Roatan, Honduras. Taucher wohnen stilgerecht in Pfahlbauten

Guanaja

Der kleine Flugplatz Guanajas kann höchstens größeren Turboprops eine Landegelegenheit bieten. Dafür wartet die etwas kleinere Insel (nur knapp 3 km lang) jedoch mit einer Menge Naturschönheiten auf. Keine Straßen zerschneiden die Insel. Der Verkehr wird ausschließlich auf dem Wasser abgewickelt.

Barbareta

Mit Fug und Recht kann man behaupten, daß einige Stellen auf dem kleinen Eiland Barbareta noch nie einen Menschen gesehen haben. Die Insel ist nicht bewohnt und befindet sich in Privatbesitz. Der Eigentümer lebt hier phasenweise mit einem kleinen Stab an Mitarbeitern. Besucher dürfen die Insel betreten, bleiben jedoch auf den wenigen Pfaden und Wegen. Straßen gibt es keine.

Utila

Auch auf Utila leben nur sehr wenig Menschen. Ein kleiner Flugplatz bringt die wenigen Besucher auf die Insel. Süßwasser gibt es zwar aus wenigen, unergiebigen Quellen, das an der Oberfläche fließende Wasser versickert jedoch sofort

im porösen Korallengestein. Man führt das Frischwasser daher von Roatan und Guanaja ein oder baut Zisternen, um Regenwasser zu sammeln.

Cayos Cochinos

Bei den Cayos Cochinos handelt es sich um eine Inselgruppe, die aus wenigen kleinen und kleinsten Eilanden besteht. Sie liegen dem Festland am nächsten. Auch diese Inseln haben ihre landschaftlichen Reize. Sie sind sanft hügelig geschwungen.
Übrigens: Die Bevölkerungszahl aller Inseln zusammen beträgt nur etwa 25 000 Menschen.

Tauchen um Roatan

Roatan verfügt über eine Reihe hervorragender Tauchplätze. Die meisten davon liegen auf der dem Wetter zugewandten Seite, der Nord-Ost-Seite. Doch auch die Südseite hat ein Highlight zu bieten, den »Enchanted Forest«. Dieses Riff liegt etwa 3 km vor der Südküste Roatans. Erst in etwa 20 m Tiefe treffen wir auf das Riffdach. Es ist über und über mit Korallen bewachsen. Viele Hornkorallenarten fangen hier ihr Plankton. Dazwischen sitzen Schwämme und Hartkorallen. Am Riffabbruch finden wir

Oben:
Grünes Honduras, ein Ausflug ins Landesinnere lohnt immer

Unten:
Einsame Strände laden zum Baden auf Roatan ein

Sauwohl fühlt sich dieses Borstenvieh. Schweine und Menschen leben oft unter einem Dach

in den Spalten und Höhlen zahlreiche Langusten. Die Strömung wechselt hier öfters, je nach Windrichtung. Deshalb besuchen auch viele große Räuber das Riff. Begegnungen mit Haien und Adlerrochen sind keine Seltenheit.
Zum Ausbildungsstand: Taucher mittleren Erfahrungsgrades sind hier noch gut aufgehoben. Allerdings sollten sie nur in Begleitung eines erfahrenen Tauchguides tauchen. Gemeinsam mit ihm können sie hier auch tiefere Abstiege üben. Achtung – der Grund ist erst bei »Unendlich« erreicht.

Pillar Coral Point

Säulenkorallen (Pillar Corals) sind typisch für die Karibik. Fast wie Stalagmiten wachsen sie vom Meeresgrund säulenartig der Oberfläche entgegen. Im Gegensatz zu den meisten anderen Korallenarten haben sich die Polypen der Säulenkorallen darauf spezialisiert, tagsüber ihre Fangarme ins Wasser zu strecken. Eine bezaubernde Kulisse für Tauchgänge, zumal sich zwischen den Säulen eine Vielzahl Tierarten heimisch fühlt. So treffen wir hier auf Engelsfische, Kofferfische und den lustigen Igelfisch. Bei Gefahr »bläst« er sich sich auf, und seine zahlreichen Stacheln machen ihn zu einem ungenießbaren Happen für Feinde.
Zahlreiche Muränen und Schulen von Schnappern oder Grunzern machen aus dem Pillar Coral Point zusätzlich einen Tauchplatz der Superlative. Auch Anfänger können ihn in vollen Zügen genießen, denn nur selten herrscht hier Strömung. Der Grund ist schon in 30 m Tiefe erreicht. Begonnen wird bereits in 5 m Tiefe.

Peter's Place

Fortgeschrittene Taucher finden in Peter's Place einen geeigneten »Spot«. Zwar ist die Strömung hier nur gering, dafür aber sehr beständig. Problematischer ist die große Tiefe, die aufgesucht werden muß. Ersten Riffkontakt bekommen wir erst in knapp 20 m, der Tauchgang führt dann hinunter bis auf über 40 m.
Doch die Mühe wird reichlich belohnt. Der Taucher hat hier die Garantie, Schildkröten anzutreffen. Auch große Adlerrochenschwärme kommen öfters vorbei. Vereinzelte Tiere aus den Schwärmen, die Peter's Place besuchen, werden auf eine respektable Größe von 200 bis 250 kg geschätzt! Seltener trifft man auf Haie.
Beeindruckend sind die zahlreichen anderen Riffbewohner. Die Tonnen-Schwämme erreichen hier wahrlich

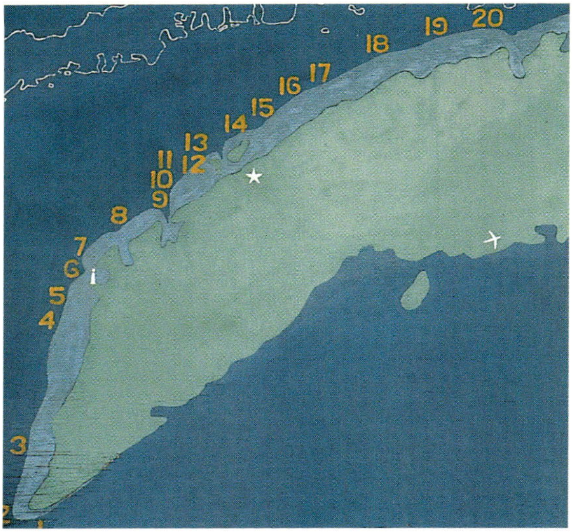

1 *Herbie's Place*
2 *West End Wall*
3 *Shallow Eel Garden*
4 *Herbie's Fantasie*
5 *Lighthouse Reef*
6 *Halfmoon Bay*
7 *Hole In The Wall*
8 *Fish Den*
9 *Gibson Bight*
10 *Overheat Reef*
11 *Green Outhouse Wall*
12 *Pillar Coral*
13 *Deep Eel Garden*
14 *Front Porch*
15 *Peter's Place*
16 *Bear's Den*
17 *White Hole*
18 *Wrasse Hole*
19 *Little Sister's Reef*
20 *Green Eel Reef*

Herbie's Place and Fantasy, Lighthouse Reef und Half Moon Bay – und zuletzt noch 1000 mehr: Die Tauchplätze, die von Antony's Key Ressort angefahren werden, haben klingende Namen

beeindruckende Größen. Aber auch Vasen- und Röhrenschwämme begeistern mit ihren leuchtenden Farben.

Tauchen um Guanaja

Den Namen Guanaja verbindet derjenige, der schon einmal dort getaucht hat, unwillkürlich mit der faszinierenden Unterwasserlandschaft. Dramatische Drop-Offs, geheimnisvolle Überhänge und liebliche Abhänge bieten viel Abwechslung. Typisch sind hier die majestätischen Säulenkorallen.

Jim's Silver Lodge

Die US-Amerikaner finden es »thrilling«, wenn ein großer Barrakuda das dargebotene Futter direkt aus dem Mund des Tauchguides nimmt. Mitteleuropäische Taucher verfolgen dies mit eher gemischten Gefühlen. Trotzdem ist dieser Tauchplatz einer der besten der Gegend! Wir schwimmen über lichte Riffdächer und die bewegte Wasseroberfläche zaubert Lichtreflexe auf die Korallen und Schwämme. Die vorherrschende Farbe ist Gold. Golden leuchten die Steinkorallen, golden die Hirnkorallen und golden die Hornkorallen. Dazwischen setzen Röhrenschwämme gelbe und violette Akzente. Jetzt zieht es uns in die dunklen Schluchten hinab. In etwa 40 m Tiefe bringt unsere Taucherlampe die Riffwand zum Glühen. Tonnen- und Vasenschwämme leuchten uns in allen Rottönen entgegen. Rubinrote Peitschenkorallen wiegen sich in der leichten Strömung, und gleich kommt auch

der angefütterte, standorttreue Barrakuda, um seinen Fisch abzuholen. Als er merkt, daß er umsonst bettelt, stößt er uns noch einmal nachdrücklich an, dann verschwindet er im Nirgendwo.
Große Schwärme von Gelbschwanzschnappern begleiten den Taucher, aus einem Loch beobachtet uns eine Grüne Muräne. Beim Auftauchen zieht eine große Gruppe Stachelmakrelen, hier Jacks genannt, vorbei.

Vertigo

Ein Tauchgang am »Vertigo« sollte ausschließlich erfahrenen Tauchern vorbehalten bleiben. Das Riffdach beginnt erst in einer Tiefe von 20 m, nach unten gibt es keine Grenzen. Dazu kommt noch die unberechenbare Strömung. Eben noch gar nicht wahrnehmbar, zieht sie eine Tauchgruppe im nächsten Moment kraftvoll durch die Rifflandschaft.
Auch hier tauchen wir durch eine beeindruckende Szenerie. Dichter Bewuchs mit Korallen und Schwämmen bietet einer Vielzahl an Fischen Wohnung. Vor allem die vielen verschiedenen Feilenfischarten fallen auf. Obwohl es Tag ist, hat sich ein Federstern an einer größeren Hornkoralle festgesaugt und fängt hier seine Nahrung aus dem Wasser. Draußen ziehen Schwärme von Barrakudas und Makrelen vorbei.

Jado Trader

Die »Jado Trader«, ein Handelsschiff, sank 1987. Das Wrack liegt recht tief, deshalb sollte es nur von erfahrenen

Oben: Unberührte Riffe präsentieren sich dem Taucher – eine Traumwelt aus Korallen

Unten: Interessanter Nahbereich. Die Regel lautet: Trotzdem nichts berühren

Tauchern betaucht werden. Die »Jado Trader« liegt auf ihrer Steuerbordseite, die tiefste Stelle befindet sich etwas über 40 m. Da die Tiefen beachtlich sind, bleibt uns nur ein kurzer Tauchgang, wenn wir die Nullzeit nicht überschreiten wollen. Nutzen wir die Zeit! Beeindruckend ist das Wrack besonders wegen der verwinkelten Bauart, den vielen Durchgängen, den Auf- und Niedergängen und den langen Fluren. Gespenstisch fällt das Licht durch die Bullaugen ein. Ab und zu treffen wir im Inneren eine Muräne, einen Zackenbarsch oder eine Languste.

Barbareta, Utila und Cayos Cochinos

Auch die kleineren der vor Honduras gelegenen »Bay Islands« haben hervorragende Tauchplätze zu bieten. Stellvertretend seien hier zwei genannt: Morats Wand vor Barbareta, aufgrund der Strömung und Tiefe allerdings nur für fortgeschrittene Taucher geeignet (20 bis 50 m), oder die Pelikanwand vor Cayos Cochinos mit ihren vielen Fischschwärmen. Letztere ist ein Tauchplatz, der Anfängern zugänglich ist. Zum Schluß sei noch das Haney Reef vor Utila mit seinen vielen Grunzern und Schnappern erwähnt – und den hier zahlreich vorhandenen Schildkröten.

Oben:
Barrakudas findet man hier sogar im Flachwasser

Unten:
Auch vor Honduras typisch – Schwämme

Kuba

In den 80er Jahren noch weitgehend touristische »Terra incognita«, verzeichnet Kuba in den letzten Jahren in der gesamten Region die höchsten Zuwachsraten im Fremdenverkehr. Einen nicht unerheblichen Anteil daran haben die Taucher.
Diese zieht es vor allem in den Süden Kubas oder auf die der Südküste vorgelagerten Inseln. In aller (Taucher-) Munde ist derzeit die Isla de la Juventud, die »Insel der Jugend«. Besser bekannt ist dieses Kleinod aber unter dem Namen Schatzinsel. Ihr setzte Robert Louis Stevenson in seinem gleichnamigen Roman ein unsterbliches Denkmal. Die bezaubernde Insel liegt im Cannarreos-Archipel zwischen Kuba und Mexiko.

Aus der Geschichte

Kolumbus entdeckte die größte Antilleninsel im Jahr 1494 während seiner zweiten Amerikafahrt, nachdem er zunächst auf den Bahamas gelandet war.
Zu seiner Zeit lebten auf Kuba die Ciboney und Aruak (Taino). Er hielt die Insel für das indische Festland und ahnte nichts von der Küste des neuen Kontinents. Diego de Velàsquez eroberte die Insel schließlich in knapp drei Jahren (1508-1511). Unter ihm entwickelte sich die hier gegründete Kolonie zum Ausgangspunkt für die Eroberung des Festlandes. Die Ureinwohner waren bald durch aus Europa eingeschleppte Infektionskrankheiten und die harten Bedingungen der Zwangsarbeit ausgerottet.

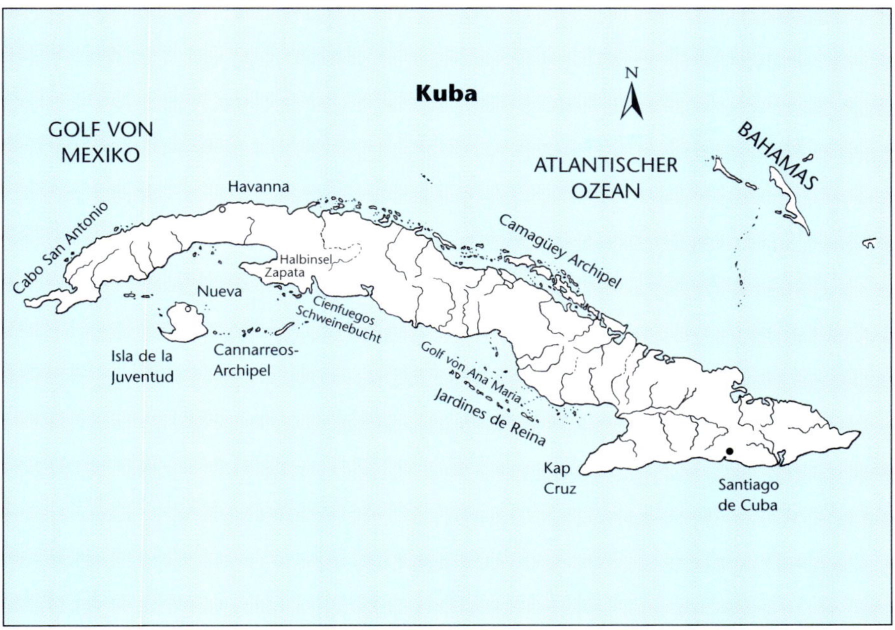

Jahrhunderte zurückversetzt fühlt man sich beim Anblick des Kastells aus dem 16. Jahrhundert

Kuba war die letzte Station der großen Schatzschiffe auf ihrem Weg zurück nach Europa. Hier wurden die Lebensmittel- und Wasservorräte ergänzt. Es lohnte sich für die spanischen Siedler also, auf Kuba Ackerbau und Viehzucht zu betreiben. Eine ausgedehnte Plantagenwirtschaft entstand. Die dazu notwendigen Arbeitskräfte wurden aus Afrika »importiert«. Erst 1860, sehr viel später als in anderen Ländern, wurde die Sklaverei auf Kuba offiziell abgeschafft.1868 wurde auf Kuba die Unabhängigkeit ausgerufen.

Ein kleiner Exkurs am Rande: Bis heute profitieren wir von den landwirtschaftlichen Fähigkeiten der Ureinwohner Amerikas. Zahlreiche bis dahin in Europa unbekannte Nutzpflanzen traten von hier aus ihren Siegeszug rund um die Welt an – die Tomate, Kartoffeln, Mais, Vanille, Kakao und Chili, um nur einige Beispiele zu nennen. Was wäre heute beispielsweise die italienische Küche ohne Tomaten? Die Kartoffel rettet Millionen Menschen vor dem Verhungern. Und natürlich der Tabak – die »späte Rache der Indianer«. Aus den maisblattumhüllten Tabakröllchen der Indianer Kubas, Süd- und Mittelamerikas entwickelten sich schnell die sogenannten Papelitos, die sich später nach Spanien und der Türkei verbreiteten – auch wenn die Unsitte des Rauchens von der Kirche zunächst als »Satanswerk« verdammt wurde. Das Wort Zigarette hat übrigens seinen Ursprung in der Sprache der Maya, wie auch Tomate, Kanu und andere Begriffe ihrer Herkunft nach indianische Wörter sind.

Mit der Unabhängigkeitserklärung ist die turbulente Geschichte Kubas jedoch noch lange nicht beendet. Die benachbarten USA versuchten ihren Einfluß in der Region mit allen Mitteln zu festigen, und Kuba geriet in der Folge in deren wirtschaftliche und politische Abhängigkeit. Turbulente Zeiten und zahlreiche bewaffnete Auseinandersetzungen folgten. Am 1. Januar 1959 ergriff schließlich Fidel Castro die Macht. Er führte eine Bodenreform durch und verbündete sich mit der Weltmacht Sowjetunion. Die USA reagierten schnell und setzten eine Handels- und Wirtschaftsblockade durch. Mit der Entscheidung Castros, dem Warschauer Pakt die Stationierung von Raketen auf Kuba zu gestatten, eskalierte der Konflikt und führte die Welt im Jahr 1962 an den Rand eines dritten Weltkriegs.

Das moderne Kuba

Heute bietet Kuba dem Besucher ein durchaus gemischtes Bild. Einerseits mangelt es am Allernötigsten, da das

Wirtschaftsembargo der westlichen Welt noch immer andauert, andererseits geht es der Bevölkerung durchschnittlich besser als auf den weiter östlich gelegenen Inseln der Karibik. Das Gesundheitswesen kann sogar in mancher Hinsicht als vorbildlich angesehen werden. Jede Stadt verfügt über ein größeres Krankenhaus und Arztbesuche sowie Krankenhausaufenthalt sind kostenlos. Davon profitieren sogar die Besucher, denn in jedem Hotel steht sofort ein Arzt bereit, wenn Not am Mann ist.

Unberührte Riffe

Da Kuba die wirtschaftliche Entwicklung der Region und den Ausbau der touristischen Infrastruktur bisher nicht sonderlich forciert hat, sind die Riffe weitgehend intakt und unberührt. Die besten Tauchreviere liegen, wie gesagt, im Süden und Südwesten. Auf der Nordseite sorgt der Passat häufig für unberechenbare Strömungen und rauhe See. Das Cannarreos-Korallenarchipel besteht aus fast 700 Inseln und Inselchen und ist das zweitgrößte der Welt.

Isla de la Juventud, die »Schatzinsel«

Die kleine Insel liegt zwischen der mexikanischen Halbinsel Yucatan und Kuba. Die Schatzinsel hat eine Gesamtfläche von 2199 km^2 und ist somit achtmal größer als die Insel Malta. Im Hauptort Nueva Gerona leben heute schätzungsweise 80000 Einwohner, etwa die gleiche Anzahl verstreut sich auf den Rest der Insel.

Von Kolumbus »Evangelista« genannt, wurde die Isla de la Juventud zur Zeit der Piraten auch als »Teufelsinsel« und »Pirateninsel« bezeichnet. Auch Sir Francis Drake diente sie im 16. Jahrhundert als Seeräuberbasis. Erst in jüngster Zeit wurden im Süden der Insel Goldmünzen und zahlreiche Schiffwracks aus der Zeit der spanischen Eroberer entdeckt.

Tauchtouristen steht hier die Hotelanlage »Colony« zur Verfügung, die einzige toristische Ferienanlage auf der Schatzinsel. Insgesamt gibt es für die Reisenden 54 Zimmer und 24 Bungalows. Es bedarf keiner besonderen Erwähnung, daß man rechtzeitig reservieren sollte. Etwa 20 km von der Hotelanlage entfernt wurde im Meer eine Plattform auf Stelzen errichtet. Auf dieser befindet sich ein Restaurant. Von hier führt ein langer Steg an einen traumhaften, unberührten Sandstrand. Die zahlreichen Riffe rund um die Insel stellen eine Welt für sich dar. Die Vielfalt macht es geradezu unmöglich, alles in nur einem Urlaub zu entdecken.

In Havanna kommen Oldtimer-Fans voll auf ihre Kosten

Modernes Havanna: Auch die letzte verbliebene Hauptstadt des Sozialismus hat respektable Hochhäuser

Pirate´s Anchor

Das Riff an diesem Tauchplatz ist wunderschön mit Schwämmen, Algen und Seescheiden bewachsen. Langusten, Krabben und zahlreiche Krebsarten streiten sich hier um die besten Futterplätze. Zwischen den Hornkorallen halten sich Riffsepien versteckt. Sie konkurrieren mit den Trompetenfischen um den Rang des besten Tarnkünstlers. Bisweilen trifft man im Freiwasser auch auf Fischschwärme.

Sponge Paradise

Der Name weist bereits auf die hier üppig wachsenden Schwämme hin. In der Tat sind diese schon in geringer Tiefe zu entdecken. In den Ein- und Ausströmöffnungen der Schwämme leben zahlreiche spezialisierte Lebewesen, manche dauerhaft, während andere hier nur für wenige Stunden Unterschlupf suchen. Auch Langusten und Tarpune zählen zu den Besonderheiten dieses Tauchplatzes.

Tal der Haie

Dreimal dürfen Sie raten, woher dieser Tauchplatz seinen Namen hat. Neben zahlreichen Zitronen-, Ammen- und Karibischen Riffhaien ist er aber auch für seine schöne Unterwasserlandschaft berühmt. Am Riff treffen wir Tintenfische, Krustentiere, Muränen und Riffbarsche in verschwenderischer Artenfülle.

Mystery Cave

Dieser Tauchplatz liegt westlich der Insel Cabo Frances. Die Riffe in diesem Gebiet sind streng geschüzt. Dementsprechend vielfältig sind Fauna und Flora. Man taucht zunächst auf ein Riffplateau in geringer Tiefe ab. Hier können auch Anfänger die Wunder der Karibik entdecken: Soldatenfische, Kaiserfische, Doktorfische und Drückerfische begleiten uns auf dem Tauchgang. Wer tiefer absteigen will, kann einem Abhang folgen. Hier bietet sich die Möglichkeit, Muränen zu beobachten, ab und zu schwimmt auch eine Schildkröte vorbei.

Charakteristisch für den Tauchplatz ist ein dunkler Kamin, der mit Organismen aller Art besiedelt ist. Dieser sollte aber nur in Begleitung eines ortskundigen Tauchguides betaucht werden.

Oben:
Lunch auf »El Ranchon«, dem Speisesaal auf Stelzen

Unten:
Wohnen in stilvoller Umgebung: Hotel Colony

Cienfuegos

Cienfuegos ist eine kleine Provinzhauptstadt im Süden der Insel. Nur knapp 20 km von Cienfuegos entfernt liegt das Hotel Faro de Luna. Dem Hotel angegliedert ist eine eigene Tauchbasis, der eine Reihe wunderschöner Tauchplätze zur Verfügung stehen.
Das Hotel selbst verfügt zwar über nur 12 Zimmer, doch sind diese alle mit Balkon, Dusche/WC und einer Klimaanlage ausgestattet. Meeresblick von jedem Zimmer inbegriffen.
Die Tauchbasis befindet sich neben dem Hotelgarten direkt am Hotel. Zwei Tauchboote bringen die Gäste von hier aus zu den Riffen der Umgebung. Übrigens: Getaucht wird auch am Sonntag!

Cayo Largo del Sur

Einige Meilen südöstlich von Cienfuegos liegt die kleine, langgestreckte Koralleninsel Cayo Largo del Sur. Dieses traumhafte Fleckchen Erde ist ein wahres Geschenk der Natur.
Auch dieses Inselchen verfügt über eine Tauchbasis der Spitzenklasse. Mehr als 30 Tauchplätze können von hier aus angefahren werden, aber auch Abstecher in die Gewässer der Nachbarinseln (unter anderem die Isla de la Juventud) sind möglich.

Links:
Beeindruckendes Steilwandtauchen vor Kubas »Schatzinsel«, der Isla de la Juventud

Unten:
Kathedralen aus Säulen-Korallen

Mexiko

Mexiko hat für Taucher in vielerlei Hinsicht etwas zu bieten. Getaucht wird fast ausschließlich um die Halbinsel Yucatan. Auf Yucatan selbst bietet Mexiko den Spezialisten unter den Tauchern aufregende Höhlentauchgänge. Ein weitläufiges, untereinander verbundenes Höhlensystem durchzieht die gesamte Halbinsel. Allerdings bleibt dieses Vergnügen lediglich erfahrenen Tauchern und solchen mit Sonderbrevets vorbehalten. Wir sparen uns an dieser Stelle daher die weitere Beschreibung von Höhlentauchgängen an Land. In diesem Kapitel wollen wir uns ausschließlich den beiden wohl bekanntesten Tauchzielen Mexikos, den Inseln Cancun und Cozumel widmen.

Auch Mexiko hat in den vergangenen Jahren, was den Tourismus angeht, einen riesigen Schritt nach vorne gemacht. Das heißt, daß die touristische Infrastruktur rund um Yucatan deutlich verbessert worden ist – allerdings teilweise auf Kosten der Umwelt. Gerade eben ist man wieder dabei, ein Korallenriff zu opfern, nur weil man einen unnötigen Anlegesteg für Kreuzfahrtschiffe betonieren will. Schade, daß man auf Yucatan viele Bausünden aus dem Mittelmeerraum wiederholt hat. So sind weite Abschnitte der Küste von Hotelburgen gesäumt. Dabei zählt diese Küste zum Schönsten, was die Karibik zu bieten hat. Kilometerlange, feinsandige Strände und malerische Palmen erfreuen die Besucher. Hier präsentiert sich die Karibik wie aus dem Bilderbuch.

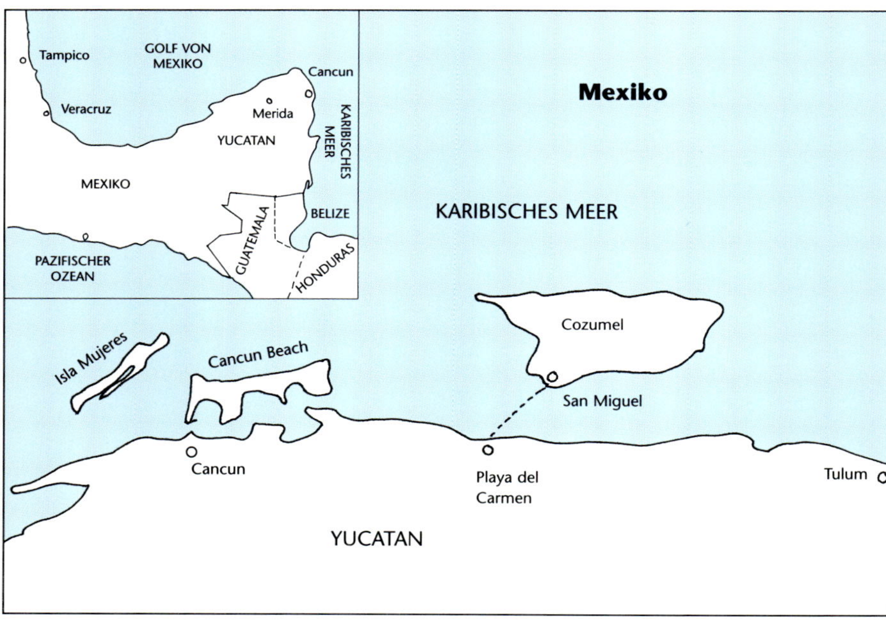

Tulum an der mexikanischen Karibikküste. Der Tempel aus der postklassischen Mayazeit zeugt von der reichhaltigen Vergangenheit der Region

Yucatan wurde und wird von den Maya bewohnt. Die klassischen Maya, eine der Hochkulturen auf dem amerikanischen Kontinent, schufen bereits lange vor der Ankunft der Spanier beeindruckende Tempel und Pyramiden, denen sie die Bezeichnung »Griechen Amerikas« verdanken. Die Maya-Priester waren hervorragende Astronomen, die die Länge des Kalenderjahres bereits bis auf drei Stellen hinter dem Komma exakt berechnet hatten. Sie verfügten außerdem über eine komplizierte Schrift, die erst in den letzten Jahren entziffert werden konnte.

Die Maya setzten den Spaniern zunächst heftigen Widerstand entgegen. Die Eroberung des Maya-Zentralgebiets zog sich über Jahrzehnte hin, bis ins 19. Jahrhundert leisteten versprengte Gruppen Widerstand gegen die Eindringlinge. Die Spanier wandten sich so zunächst dem Hochland von Mexiko und dem Imperium der Azteken zu. Letztendlich obsiegte die überlegene Waffentechnik, in erster Linie aber eingeschleppte Krankheiten wie die Pocken, denen große Teile der einheimischen Bevölkerung zum Opfer fielen.

Bis heute ist der Einfluß der Spanier allgegenwärtig. Die Landessprache ist Spanisch, die Währung der Peso. Beliebter ist jedoch der US-Dollar, wobei Münzen nicht angenommen werden. Wer in Dollars bezahlt, erhält sein Wechselgeld meist in Pesos zurück. Alle Hotels akzeptieren auch Kreditkarten. Das beste Zahlungsmittel in Mexiko ist jedoch der Dollarreisescheck. Auch aus Sicherheitsgründen, denn bei Verlust werden die

Gerade auf Yucatan sind die Strände selten so leer wie unser Fotograf sie vorfand. In Mexiko machen viele Amerikaner Urlaub

Schecks von den ausgebenden Organisationen problemlos und meist innerhalb von 24 Stunden ersetzt.
Das Klima Mexikos läßt uns Mitteleuropäer vor Neid erblassen. 200 Sonnentage im Jahr und 300 regenfreie Tage – da läßt es sich aushalten! Die Durchschnittstemperaturen liegen bei 25 °C.
Die Anreise nach Mexiko von Europa aus geschieht am zweckmäßigsten über die Vereinigten Staaten. Cancun und Cozumel liegen nur etwa 1,5 Flugstunden von Miami entfernt. Doch auch über Mexiko City kann man anreisen. Achtung: Unterwasserfotografen sollten einen 110/220 Volt-Adapter nicht vergessen. In Mexiko beträgt die Stromspannung nur 110 Volt.
Sowohl die Halbinsel Yucatan als auch die Inseln Cancun und Cozumel bestehen aus Kalkstein. Dieser ist mit dichtem Dschungel bewachsen. Im Kalkstein sind öfters Abdrucke von Muscheln und Korallen zu erkennen, auch findet man ab und zu Versteinerungen von Meerestieren. Das alles läßt den Schluß zu, daß Cancun, Cozumel und die Halbinsel früher unter Meeresniveau lagen und von Wasser bedeckt waren. Die Inseln selbst haben, im Gegensatz zum Festland, keine ausgeprägten Sandstrände. Lediglich an der Ostseite finden wir einige. Der poröse Kalkstein saugt das Regenwasser auf wie ein Schwamm, gibt es jedoch ebenso schnell wieder ab. An den küstennahen Stellen, an denen das Sickerwasser aus dem Fels austritt, ist das Meer dann besonders klar. An der Schnittstelle zwischen Salzwasser und Süßwasser bilden sich die bekannten »Schlieren«.
Auf Cozumel finden wir auch Süßwasserquellen, Kavernen und größere Wasserlöcher, die sogenannten Cenotes. Diese Cenotes sind in der Regel mit Süßwasser, manchmal auch mit Brackwasser gefüllt. Denn so wie der Kalksein Süßwasser »aufsaugt«, so kann auch Salzwasser aus dem Meer in die Wasserlöcher eindringen. Wie »frisch« das Wasser in den Cenotes ist, hängt also von der Entfernung zum Meer ab.
Anders als Cozumel präsentiert sich dem Besucher Cancun. Hier gibt es Traumstrände und das Wasser schimmert in brillantem Türkis. Dies ist auch der Grund, weshalb die mexikanische Regierung hier 1974 ein ehrgeiziges Projekt startete. Unter dem Kürzel FONATUR (National Fund for Tourism Promotion and Development) investierte man Millionen von Dollar in die touristische Entwicklung. Im selben Jahr noch entstanden zwei Hotels. Heute präsentiert sich Cancun als das »Mallorca« Mexikos.

Rund 30 000 Hotelzimmer stehen dem Besucher offen. Drei Millionen Besucher jährlich nehmen dieses immense Angebot wahr. Damit beherbergt alleine Cancun im Jahr mehr Touristen als Bermuda, Jamaica und die amerikanischen Virgine Islands zusammen.

Neben dem Tauchen sind selbstverständlich alle anderen Wassersportarten möglich. Leider hat auch auf Cancun die amerikanische Unsitte des Scooter-Fahrens oder des Fallschirmgleitens – wobei der Fallschirm von einem Motorboot gezogen wird – um sich gegriffen. Aus Naturschutzgründen für verantwortungsvolle Taucher nicht empfehlenswert!

Nichttaucher können die Unterwasserwelt durch gläserne Böden von Booten oder halbtauchenden U-Booten genießen. Selbstverständlich ist, den amerikanischen Touristen zuliebe, auch das Schwimmen mit »friendly Dolphins« möglich. Man sieht, die touristische Infrastruktur Cancuns ist vollständig auf den amerikanischen Besucher zugeschnitten. Erstaunlich, daß der »Watersport Guide to Cancun« von Susanne und Stuart Cummings mit diesen Dingen recht unkritisch umgeht.

Cave of the sleeping Shark

Dieser Tauchplatz wurde erstmals durch eine Veröffentlichung im »National Geographic« bekannt. Die Entdeckung ist einem Fischer zu verdanken, der an der Nordostküste der Isla Mujeres einen Hai auf dem Grund entdeckte. Das Wasser ist hier sehr klar und nicht sehr tief. Zunächst dachte der Fischer, der Hai sei tot, denn bekanntlich müssen Haie ja immer schwimmen, um den Körper mit dem nötigen Sauerstoff zu versorgen. Doch nach einiger Zeit erhob sich der Hai vom Grund und schwamm völlig ruhig davon.

Noch mehr Beachtung als der Artikel im »National Geographic« Magazine fand ein Film von Jacques Cousteau, der die »Sleeping Sharks« erst richtig berühmt machte. In den Folgejahren wurden die Ammenhaie Cancuns von tausenden Tauchern besucht und werden es noch heute. Der Platz, an dem man sie findet, liegt ca. 20 bis 25 m tief. Wer hinunter taucht, der wird auch wissen, wieso sich die Haie nicht bewegen müssen. Sie legen sich nämlich mit dem Kopf in Richtung der hier immer vorhandenen Strö-

Für die Pfeilkrabbe ist die Koralle Schutz und Nahrungsquelle zugleich

mung. Das ihnen entgegeströmende Wasser versorgt sie mit ausreichend Sauerstoff. Hinzu kommt noch ein anderes Phänomen. An dieser Stelle treten unter Wasser Süßwasserquellen aus. Das Süßwasser übt auf die Haie eine narkotisierende Wirkung aus. So bleiben sie wie betäubt am Grund liegen. Diese starke Strömung macht es auch notwendig, daß Taucher gut trainiert sind. Der Platz ist für Anfänger grundsätzlich nicht geeignet. Ein Taucher mittleren Erfahrungsgrades kann in Begleitung eines ortskundigen Tauchguide jedoch gefahrlos hinuntertauchen.

Doch nicht nur Ammenhaie finden sich am Grund. Der Platz wird, wegen der starken Stömung, auch öfters von dem aggressiven Bull-Shark besucht, ebenso von Zitronenhaien und Schwarzspitzen-Riffhaien. Im Freiwasser ziehen Barrakudas und andere Schwarmfische vorüber.

Los Manchones

Zur Abwechslung wollen wir Ihnen wieder einen Tauchplatz vorstellen, der auch für Tauchanfänger geeignet ist. Ja, hier können sogar Taucher absteigen, die über kein richtiges Brevet, sondern lediglich über einen »Ressort-Diver« verfügen. Wir tauchen in Tiefen um die 10 m.

In einer Bucht vor der Südspitze der Isla Mujeres erstreckt sich ein etwa 1 km langes Korallenriff. Es ist mit allerhand Korallen und Schwämmen bewachsen. Bekannt ist das Riff vor allem wegen der vielen dort lebenden prächtigen Engelsfische. Besonders wohl scheint sich hier der Französische Engelsfisch zu fühlen. Wenn sich über dem Taucher plötzlich der Himmel verdunkelt, dann ziehen keine Wolken auf, vielmehr lohnt sich dann ein Blick zur Oberfläche. Mit Sicherheit schwimmt einer der riesigen Grunzer-Schwärme über ihn hinweg. Oft haben sich diesen Grunzerschwärmen auch Schwärme von Schnappern angeschlossen. Die verschiedenen Gattungen haben sich dann zu einem gigantischen Schwarm vermischt.

Auf der Oberseite des Riffs finden wir ganze Kolonien von Geweih- und Hirnkorallen. Dazwischen bewegt sich der wohl prächtigste Bewohner eines karibischen Korallenriffs, der Königinnen-Engelsfisch. Diesen scheuen Fisch erkennen wir leicht an der nach hinten weit herausragenden, gelbgefärbten Rückenflosse, an der prächtig gelb- bis grüngefärbten Schwanzflosse sowie an der ebenfalls nach hinten verlängerten gelben Afterflosse. Ansonsten ist der Fisch blau gefärbt. Wie mit kleinen Schindeln ist er mit leuchtend gelben Punkten gesprenkelt. Vorsicht: Man sollte ihm nicht zu nahe kommen, denn sonst verschwindet er blitzartig und auf Nimmerwiedersehen zwischen den Korallen.

Cuevas de Afuera

Ein spanisches Wort, das übersetzt etwa »äußere Höhlen« bedeutet. Außerhalb der soeben beschriebenen Bucht finden wir nämlich verschiedene Höhlen, die zu den besten Tauchstellen um Cancun gehören. Im Gegensatz zum Korallenriff in der Bucht ist es hier nötig, daß der Taucher zumindest über einen mittleren Ausbildungsstand verfügt. Die Höhlen liegen alle in einer Tiefe von 20 bis 30 m. Ausgefahren wird mit dem Boot, die

Oben links:
Blaustreifengrunzer trifft man fast immer im Schwarm...

Oben rechts:
... ebenso die Virginia-Grunzer

Mitte:
Detail einer nesselnden Schönheit:
Leuchtende Anemonenspitzen

Unten:
Der Räuber mit den Regenbogenaugen:
Eidechsenfisch lauert im Sand auf Beute

Portrait eines geschickten Räubers. Der Trompetenfisch zieht die List der rohen Gewalt vor

Tauchplätze sind von Land aus nicht zu erreichen. Fitness ist gefragt, denn es herrscht eine mittlere bis starke Strömung. Durch diese Strömung bedingt werden oft auch wassertrübende Schwebeteile eingetragen, die durchschnittliche Sichtweite liegt deshalb hier bei nur etwa 20 m.
Auch bei Cuevas de Afuera halten sich besonders viele Engelsfische auf. Bedingt durch das üppige Nahrungsangebot, erreichen die Französischen Engelsfische hier eine stattliche Größe. Ebenfalls zahlreich vorhanden sind Ammenhaie.
Durch die Strömung angelockt, denn Strömung bedeutet immer ein großes Nahrungsangebot, ziehen auch große Schwärme von Raubfischen vorbei. Beispielsweise die vorhin schon angesprochenen Grunzer und Schnapper. Doch auch Barrakudaschwärme und vereinzelte Haie werden hier häufiger gesichtet.

El Tunel

Ein weiteres Highlight der Tauchplätze um Cancun ist El Tunel, »Der Tunnel«. Leider bleibt der Tauchplatz nur fortgeschrittenen Tauchern vorbehalten. Er liegt zwar nur in 20 m Tiefe, die Strömung erreicht hier jedoch gefährliche Stärken. Stark bis sehr stark, an manchen Tagen »zieht« sie mit zwei Knoten durchs Riff, verlangt sie der Kondition der Taucher das Letzte ab. Der Grund ist, daß dieser Tauchplatz nicht auf der Innenseite der Insel zwischen Festland und Insel liegt, sondern auf der der Karibischen See zugewandten Seite.
Den Namen hat der Tauchplatz von einem großen Tunnel, der sich duchs Riff zieht. Der Tunnel ist so groß, daß er drei, vier Taucher aufnehmen kann, die ihn zur gleichen Zeit durchtauchen können. Aufgrund der starken Strömung ist dieser Tauchplatz natürlich stark von Großfischen geprägt. Auf jedem Tauchgang können Haie, Barrakudas und manchmal auch Schwertfische gesehen werden. Bisweilen schwimmen auch Mantas duchs Riff, seltener Delphine, die in der Strömung ihre Beute jagen.
Doch auch derjenige, der seine Taucherlampe Richtung Riff wendet, wird begeistert sein. Der Fels ist mit großen Seefächern, einer Hornkorallenart, bewachsen. Zwischen den Korallen und Schwämmen finden wir die für die Gegend typischen Korallenfischen.

Coral Heads

Schließlich sei noch ein Tauchplatz beschrieben, der wiederum für Anfänger geeignet ist. Er liegt im flachen Wasser

zwischen 5 und 10 m Tiefe. Strömung hat es selten, wenn, dann nur schwach. Der Platz ist charakterisiert durch die prächtigen Säulenkorallen, die hier in riesigen Gruppen der Oberfläche zustreben. An diesem Tauchplatz können Anfänger gefahrlos ihre ersten Entdeckungen im Riff machen. Zwischen den Stämmen der Säulenkorallen hält sich allerhand versteckt. Hier äugt neugierig eine Languste aus ihrem Spalt, dort zieht sich eine Muräne tiefer zurück, wenn der Taucher zu nahe kommt. Feilenfische umtanzen den Korallenstock. Unauffällig, weil gut getarnt, bleibt dagegen der Oktopus. Wenn man ihn aber erspäht hat und neckt, wird er rot vor Aufregung. An Tagen, an denen der Himmel stark bewölkt ist und es deswegen unter Wasser recht düster wird, sehen wir die farbenprächtigen Federsterne, die einen Logenplatz auf den Säulenkorallen erklommen haben. Hier fahren sie ihre Tentakeln aus und fangen Plankton aus dem nährstoffreichen Wasser.
Übrigens: Coral Heads ist auch ein hervorragender Platz für Nachttauchgänge! Nachts sind besonders viele Federsterne zu sehen, große Seespinnen bevölkern das Riff und Zackenbarsche gehen auf die Jagd.

Tauchen bei Cozumel

Einige Kilometer weiter südlich von Cancun liegt die Insel Cozumel. Sie wurde

Cozumel, das Taucherparadies vor der Küste Yucatans, im Licht der untergehenden Sonne

Die Küste Yucatans zählt mit ihren Traumständen und Lagunen zu den Schönsten der Karibik

anfangs bereits etwas ausführlicher beschrieben.
Auch die Tauchplätze um Cozumel liegen öfter so, daß nur erfahrene oder durchtrainierte Taucher sie besuchen können. Das von Nord nach Süd ausgerichtete Eiland liegt im Golfstrom. Die Regel lautet, daß die Strömung um so stärker wird, je weiter man sich von der Insel entfernt. Auf der der offenen Karibischen See zugewandten Seite liegen zwar einige hervorragende Tauchplätze, diese werden jedoch von den örtlichen Tauchschulen kaum angefahren. Hier ist die Strömung selbst für guttrainierte Taucher zu stark. Die Beschreibung unserer Tauchplätze beschränkt sich deshalb auf einige zwischen dem Festland und der Insel gelegene Stellen.

Gorgonian Flat

In nur 3 bis 5 m Tiefe gelegen, ohne nennenswerte Strömung und mit kristallklarem Wasser, liegt Gorgonian Flat – der ideale Tauchplatz für Neulinge und gute Schnorchler.
Bei Gorgonian Flat finden wir die gesamten, für Flachwasserbereiche typischen Korallenformationen wie Blätterkorallen, Elchhornkorallen, Hirschhornkorallen und Steinkorallen vor. Dazwischen befinden sich zusätzlich viele große Hornkorallenkolonien. Diese haben dem Tauchplatz letztendlich den Namen gegeben. Anfänger können hier ihre erste Begegnung mit Trompetenfischen, Papageifischen und Husarenfischen erleben.

San Francisco Riff

In 6 bis 20 m Tiefe beginnt das San Francisco Riff. Es liegt nahe einer Steilwand, die scheinbar ins Unendliche abfällt. Die Strömung ist mittelstark, hier können auch Taucher mittleren Ausbildungsstandes tauchen. Es wird jedoch dringend empfohlen, sich einem kundigen Tauchguide anzuschließen.

Den Abbruch zur Steilwand hat die Natur verschwenderisch mit Leben ausgestattet. Jede Art von Korallen und Schwämmen finden wir hier. Wer genau hinsieht, der wird in den zahlreichen Löchern und Spalten des Riffs die gutgetarnten Spinnenkrabben entdecken. Wer sich nicht allzuweit vom Riff wegbewegt, der wird auch die vielen farbenprächtigen Borstenwürmer beobachten können, die abgestorbene Korallenpolypen von Hirn- und Steinkorallen abweiden. Auf den Schwämmen – ihrer bevorzugten Nahrung – halten sich häufig die nicht weniger farbenprächtigen Meeresschnecken auf.

Bisher haben wir lediglich auf Beobachtungen im Nahbereich hingewiesen. Das bedeutet aber nicht, daß es an dieser Steilwand nur Kleinstlebewesen zu entdecken gibt. Vielmehr ist das San Francisco Riff auch durch das Vorkommen zahlreicher Fischarten charakterisiert. Es seien nur Engelsfische, Feilenfische und Trompetenfische genannt, die hier häufig anzutreffen sind.

Vielfalt im Riff: Engelsfische, Schnapper und Drückerfische

Noch eine allgemeine Bemerkung zur Tauchtechnik an diesem Platz: Das San Francisco Riff ist durch eine besonders unregelmäßige, aber auch abwechslungsreiche Struktur gekennzeichnet. Mal geht es in ein Tal hinab, kurz darauf wieder auf einen Berg hinauf. Das kann auf kurzen Distanzen Tiefenunterschiede von mehreren Metern ausmachen. Der mittlere Tiefenbereich schwankt hier etwa zwischen 5 und 20 m – was das Mitführen eines Tauchcomputers unverzichtbar werden läßt. Dieses überaus praktische Gerät berechnet die Tiefenschwankungen beim Tauchen automatisch und zeigt uns so zuverlässig die Nullzeit an.

Paraiso Reef

In einer Felsenspalte hat sich scheu ein Ziegenfisch versteckt. Zwischen den Schwämmen schwimmt ein auffällig gefärbter, einzelner Fisch umher. Wenn wir uns nähern, gibt er dumpfe, an Trommeln erinnernde Töne von sich. Deshalb hat er im englischen Sprachraum den Namen Drumfish bekommen. Bei uns heißt der gesprenkelte Fisch »Gepunkteter Ritterfisch«. Plötzlich schwimmt eine große Schule riesiger Schweinsgrunzer vorbei. Diese Fische werden bis zu 40 cm lang, wir finden sie im Flachwasserbereich bis maximal 30 m Tiefe. Schnell ist der Schwarm wieder um eine

An exponierten Stellen im Riff ballt sich das Leben

Riffecke verschwunden. Umso zutraulicher geben sich die zahlreichen Falterfische. Neugierig folgen sie uns während des gesamten Tauchgangs. Auf einer sandigen Stelle fällt uns plötzlich ein toter Fisch auf, der seitlich auf dem Grund liegt. Aber der Fisch ist alles andere als tot. Es handelt sich um einen Seifenfisch, der sich hier niedergelassen hat. Zum Schutz vor Feinden sondert seine Haut einen giftigen Stoff ab. Wenn wir tiefer tauchen, bemerken wir einen riesigen Korbschwamm. Er hat sich inmitten der Strömung plaziert. Mit seinen gut 2 m Durchmesser findet er hier den idealen Standort, um seine Nahrung, das Plankton, aus dem Wasser zu filtrieren.
Zweifellos ist das Paraiso Reef ein interessanter Tauchplatz. Dabei müssen wir hier noch nicht einmal besonders tief tauchen. Die tiefste Stelle liegt bei 15 m, bei 10 m geht es schon los. Trotzdem sollte dieser Platz nur von gut trainierten Tauchern besucht werden. Es herrscht oft eine starke Strömung, in der Regel ist sie mindestens mittelstark.

Villa Blanca

Abschließend stellen wir hier noch einen Tauchplatz vor, der bei 21 m Tiefe beginnt und steil abfällt. Hinzu kommt eine starke Strömung, Bedingungen also, die den Tauchplatz lediglich erfahrenen Tauchern zugänglich machen. Der Tauchplatz heißt Villa Blanca, weil er unmittelbar vor dem Villa Blanca Hotel liegt. Obwohl die Villa Blanca-Wand nur für erfahrene Taucher geeignet ist, hat sie doch zumindestens einen Vorteil: Alle Tauchplätze, die einen fortgeschrittenen Ausbildungsgrad voraussetzen, müssen per Boot angefahren werden – außer eben der Villa Blanca-Steilwand. Diese ist bequem von Land aus zu erreichen. Tauchen sollte man hier nur, wenn die Strömung in Süd-Nordrichtung verläuft. Verläuft sie umgekehrt, dann besteht die große Gefahr, aufs offene Meer hinausgetragen zu werden. In welche Richtung die Strömung verläuft, kann man vor dem Tauchgang in der Regel an der Oberfläche erkennen. Aber Vorsicht: Dies ist nicht immer möglich! An vielen Tauchplätzen herrschen an der Wasseroberfläche andere Strömungsverhältnisse vor, als in der Tiefe.
Zieht die Strömung von Süd nach Nord, so wird man unweigerlich zum Pier Galapagu Inn gezogen, wo der Tauchgang beendet werden kann. Ein Strömungstauchgang verläuft normalerweise so, daß man zunächst gegen die Strömung anschwimmt. Ist die Tauchflasche halb leer, läßt man sich bequem von der Strömung zum Ausgangspunkt zurücktragen. Diese ansonsten gängige und problemlos anzuwendende Technik ist hier jedoch völlig wertlos. Die Strömung ist hier nämlich so stark, daß man auf keinen Fall gegen sie anschwimmen kann. Man sollte sich deswegen vorher auf einen Ausstiegspunkt verständigen. Zu diesem läßt man sich dann hintreiben und kurz bevor der Ausstieg erreicht ist, schwimmt man in einem Winkel von 90° zur Strömung auf die Riffwand zu und taucht auf. Dann erst erfolgt der Ausstieg.
Doch macht diese Strömung zweifellos den Reiz des Tauchplatzes Villa Blanca aus, von den vielen hier anzutreffenden Großfischen, darunter auch Haien, ganz zu schweigen.

Allgemeine Informationen zu den Tauchgebieten

Aruba

Diplomatische Vertretung in Europa

Kabinett des Bevollmächtigten
Ministers für Aruba
Schimmelpennickplan 1
NL-2517 Den Haag
Tel.: (00 31) 70 / 3 56 62 00
Fax: (00 31) 70 / 3 45 14 46

Verkehrsverband Aruba in Deutschland
Peter van Belle
Postfach 1948
50209 Frechen
Tel.: 0 22 34 / 27 30 37

Einreisebestimmungen

Touristen dürfen sich drei Monate ohne Aufenthaltsgenehmigung auf Aruba aufhalten. Für Bürger der Europäischen Union genügt ein Reisepass, der bei der Einreise noch sechs Monate gültig sein muß. Am Flughafen ist ein Einreise- und später ein Ausreisedokument auszufüllen.
Minderjährige Einreisende müssen entweder von einer erwachsenen Person begleitet oder in Aruba von einer erwachsenen Person abgeholt werden.
Bei der Ausreise wird die recht hohe Flughafensteuer in Höhe von 20,– US-$ fällig!

Impfbestimmungen

Vorgeschriebene Impfungen bei der Einreise aus Europa gibt es keine. Empfohlene Impfungen sind Hepatitis A, Polio sowie Tetanus.
Achtung: Wer aus Infektionsgebieten einreist, muß die entsprechenden Impfungen nachweisen. Ausgenommen von dieser Regelung sind Reisende, die den Flughafen Arubas bei Transitreisen nicht verlassen, Kinder unter 6 Jahren brauchen in diesen Fällen ebenfalls keine Impfung. Kinder sollten jedoch in jedem Fall die dem jeweiligen Alter entsprechenden Impfungen zuhause mitgemacht haben.

Währung/Devisen

Die offizielle Landeswährung ist der Aruba-Florin (Afl). Er darf bei der Ein- und Ausreise in unbeschränkter Höhe ein- bzw. ausgeführt werden. Inoffizielles Zahlungsmittel ist der US-Dollar, der aber überall akzeptiert wird.
Kreditkarten: Aruba ist ein bevorzugtes Reiseziel der US-Amerikaner. Aus diesem Grund werden in jedem Geschäft, Hotel oder Restaurant und von jeder Tauchbasis die auch bei uns gängigen Kreditkarten akzeptiert.
Der ungefähre Wechselkurs: 1,– DM entspricht in etwa 1,10 Afl. Die Währung ist ausgesprochen stabil, so daß sich die Wechselkurse nur unwesentlich nach oben und unten verändern.

Strom

Üblich ist eine Spannung von 110-Volt, die aus Flach-Steckdosen abgegeben wird.
In den meisten Hotels gibt es jedoch auch mindestens eine Rundstecker-Steckdose, die 220-Volt-Spannung liefert. Trotzdem ist die Mitnahme eines Adapters und eines Transformators unbedingt empfehlenswert.

Tauchen

Getaucht wird nach amerikanischem Vorbild. Das heißt, daß von der Tauchbasis grundsätzlich ein Gesundheitszeugnis sowie das Brevet verlangt werden. Wer es zuhause vergessen hat: Pech! Checktauchgänge, wie sie bei uns in Europa möglich und üblich sind, finden hier nicht statt. Der Grund hierfür ist, daß nach amerikanischem Recht bei einem Unfall durch die Betroffenen bzw. die Hinterbliebenen astronomische Schadenserstzbeträge eingeklagt werden können!
Oft genügt dem Tauchbasenbesitzer noch nicht einmal die Vorlage des Brevets (z. B. der Plastikkarte), sondern er will ganz genau wissen, was beispielsweise das »VDST-Bronze« bedeutet. Mit einem PADI-Brevet hat man nie Schwierigkeiten.

Tauchbasen

Jedem der folgend genannten Hotels ist eine Tauchbasis angegliedert, zumindest werden über die Hotel-Rezeptionen Tauchgänge vermittelt.

Hotels

Amsterdam Manor, L. G. Smith-Boulevard, Oranjestad,
Tel.: (0 02 97) 8 / 31 49 2

Aruba Concorde Hotel, L. G. Smith-Boulevard, Oranjestad, Tel.: 2 44 66

Dive Aruba im Bucuti Beach, Bucuti Beach Resort, P. O. Box 1299,
Oranjestad, Tel.: 2 34 44

Holiday Inn, Holiday Inn Resort,
Oranjestad, Tel.: 2 36 00

Playa Linda, Playa Linda Beach Resort,
Oranjestad, Tel.: 3 10 00

Reiseveranstalter

Tauchreisen Roscher,
Aachener Str. 695 A, 50226 Frechen,
Tel.: 0 22 32 / 69 11 98

TraWell, Apfelgasse 6, A-Wien,
Tel.: (00 43) 1 / 65 04 57

Bonaire

Diplomatische Vertretung in Europa

Kabinett des Bevollmächtigten
Ministers für Bonaire
Schimmelpennickplan 1
NL-2517 Den Haag
Tel.: (00 31) 70 / 3 56 62 00
Fax.: (00 31) 70 / 3 45 14 46

Touristische Information:

Text und Aktion
Kaiser-Friedrich-Ring 53
65185 Wiesbaden
Tel.: 06 11 / 84 64 73

Einreisebestimmungen

Bei der Einreise von Europäern aus Europa genügt ein noch sechs Monate gültiger Reisepaß. Die Aufenthaltsdauer beträgt maximal drei Monate, danach ist eine separate Aufenthaltsgenehmigung erforderlich.
Minderjährige müssen in Begleitung Erwachsener einreisen oder bei der Einreise von einer erwachsenen Person abgeholt werden.

Impfbestimmungen

Vorgeschriebene Impfungen gibt es keine. Empfohlene Impfungen sind Hepatitis A, Tetanus und Kinderlähmung.
Wer aus Infektionsgebieten einreist, muß die entsprechenden Impfungen nachweisen. Auch hier gibt es Ausnahmen. Kinder unter sechs Jahren und Transitreisende, die den Flughafen nicht verlassen, benötigen keine Impfungen. Kinder sollten jedoch die altersbedingten Impfungen zuhause mitgemacht haben.

Währung/Devisen

Offizielles Zahlungsmittel ist der Antillianische Gulden. Er darf bei der Ein- und Ausreise in unbeschränkter Höhe mitgeführt werden. Der US-Dollar wird überall akzeptiert.
Kreditkarten: Hotels, Restaurants oder Geschäfte akzeptieren die gängigen Kreditkarten. Auch nahezu jede Tauchbasis nimmt sie an.
Der offizielle Wechselkurs:
1.– DM entspricht ca. 1,10 AG. Auch hier ist die Währung stabil. Der Wechselkurs verändert sich deshalb nur unwesentlich.

Strom

Üblich ist die 110-Volt-Wechselspannung, die aus Flachstecker-Steck-dosen geliefert wird. Fast jedes Hotel verfügt aber über mindestens einen Anschluß mit 220-Volt-Spannung. In vielen Hotels kann die Spannung direkt an der Steckdose eingestellt werden. Trotzdem gilt auch hier: Stecker-Adapter mit 110 / 220-Volt-Transformator nicht vergessen!

Tauchen

Die Gewässer rund um Bonaire sind zum Schutzgebiet erklärt worden. Es gelten besondere Vorschriften, deren Einhaltung von den Marine-Park-Rangern überwacht wird. Die Ranger werden unter anderem durch eine einmalige Gebühr von 10,–US -$ finanziert, die jeder Taucher zu entrichten hat. Auch wenn Sie sich noch so ärgern sollten: Die zehn Dollar dienen bestimmt einem guten Zweck. Die Riffe rund um Bonaire gehören wegen der Schutzbestimmungen zu den intaktesten der gesamten Karibik.

Einige Vorschriften zum Schutz der Riffe:

- Es muß korrekt tariert werden, d. h., Jacket ist Pflicht
- Tragen von Handschuhen ist verboten
- Sammeln von Meerestieren oder deren Produkten (Schneckenhäuser etc.) ist verboten
- Es darf nicht geankert werden

Tauchbasen

Buddy Dive Resort, P. O. Box 231, Bonaire N. A., Tel.: (00 59) 7 / 50 80, Fax: (00 59) 7 / 86 47

Sand Dollar Beach Club, P. O. Box 262, Bonaire N. A., Tel.: 87 38, Fax: 87 60

Captain Don's Habitat: Buchung in Deutschland bei Inter-Connect, Arnulfstr. 44, München, Tel.: 0 89 / 55 53 35, Fax: 5 23 22 12

Dive Inn Bonaire, Kaya C. E. B. Hellmund 27, Bonaire, N. A., Tel.: 87 61, Fax: 85 13

Divi Flamingo, Buchungsadresse USA: 54 Gunderman Road, Ithaca, NY

Tauchbasis im Plaza-Resort, Kralendijk, Bonaire, N. A.

Tauchbasis im Harbour Village, Kralendijk, Bonaire

Hotels

Sunset Resorts, P. O. Box 333, Kralendijk, Bonaire N. A., Tel.: 84 48, Fax: 85 93

Harbour Village, Kralendijk, Bonaire N. A.

Plaza Hotel, Plaza Resort, Bonaire, N. A.

Pensionen und Gästehäuser mit Familienanschluß

Black Durgon Inn, P. O. Box 775, Kralendijk, Bonaire

Karib Inn, P. O. Box 68, Bonaire, N. A.

Sunset Inn, P. O. Box 115, Bonaire N. A., Tel.: 83 34

Veranstalter

Air Aqua/Barakuda-Club-Touristik, Rüttenscheider Str. 14, 45128 Essen, Tel.: 02 01 / 79 00, Fax: 02 01 / 78 07 05

Dive Travel, Südring 3b, 65795 Hattersheim, Tel.: 0 61 90 / 16 03, Fax: 02 01 / 83 65

Lobster Tours, Limesstr. 12, 81243 München, Tel.: 0 89 / 8 71 19 26, Fax: 0 89 / 87 04 46

Nautico, Wandsbeker Königstr. 11, 22041 Hamburg, Tel.: 0 40 / 6 82 81 10, Fax: 0 40 / 68 28 11 99

Orca, Frühlingstr. 27, 83022 Rosenheim, Tel.: 0 80 31 / 1 88 50, Fax: 0 80 31 / 38 04 64

Manta Reisen, Treichlerstr. 10, CH-8032 Zürich, Tel.: 00 42 / 1 / 2 68 24 24, Fax.: 2 68 24 74

RTI Reisen und Tauchen,
Bernardstr. 73, 63067 Offenbach,
Tel.: 069/823535, Fax: 8003399

Curaçao

Diplomatische Vertretung in Europa

Der Bevollmächtigte Minister
von Curaçao
Schimmelpennickplan 1
NL-2517 Den Haag
Tel.: (0031)70/3566200

Touristeninformation

Fremdenverkehrsamt Curaçao
Arnulfstr. 44
80335 München
Tel.: 089/598490

Einreisebestimmungen

Für Europäer genügt ein einfacher Reisepaß, der noch mindestens sechs Monate gültig sein muß. Ein Visum ist nicht erforderlich. Bei der Einreise muß ein Einreise-, bei der Ausreise ein Ausreisedokument ausgefüllt werden – Probleme treten dabei nie auf. Wer länger als drei Monate auf der Insel bleiben möchte, benötigt eine spezielle Aufenthaltsgenehmigung.
Minderjährige müssen in Begleitung Erwachsener einreisen oder bei der Einreise von einem Erwachsenen abgeholt werden.

Impfbestimmungen

Impfungen für Europäer, die aus Europa einreisen, sind keine vorgeschrieben. Wer aber aus Infektionsgebieten einreist, muß ein entsprechendes Impfdokument vorweisen.
Eine Ausnahme bilden lediglich Kinder unter sechs Jahren. Sie müssen in diesem Fall nicht geimpft sein. Auch Transitreisende, die das Flughafengebäude nicht verlassen, brauchen keinen Impfpaß mit den sonst benötigten Stempeln.

Währung/Devisen

Offizielles Zahlungsmittel ist der Antillianische Gulden (s. Bonaire). Bonaire und Curaçao haben das gleiche Währungssystem und die gleiche Währung. Wer also beide Inseln besuchen möchte, braucht nur einmal zu wechseln. Wer zusätzlich noch nach Aruba reisen will, wechselt auch nur einmal – dann aber US-Dollar.
US-$ und gängige Kreditkarten werden von jeder Stelle genommen, auch an Tauchbasen kann man damit bequem bezahlen.

Strom

Die Stromversorgung der Insel ist nach amerikanischem Vorbild auf 110-Volt-Wechselspannung aufgebaut. Jedes Hotel bietet jedoch auch mindestens eine Steckdose mit 220-Volt-Spannung und unseren gewohnten runden Anschlüssen an. Der Flachsteckadapter und der 110/220-Volt-Transformator gehören trotzdem ins Reisegepäck.

Tauchen

In den Gewässern um Curaçao tauchte erstmalig ein Mensch »Zwischen Korallen und Haien« – Hans Hass, der inzwischen legendäre Unterwasserfilmer, der hier die ersten Tauchversuche überhaupt unternahm und in den 40er Jahren die ersten Unterwasserreportagen recherchierte.
Ganz in dieser Tradition wurde das Tauchen um Curaçao weitergeführt. Umweltschutz wird großgeschrieben. Korrektes tarieren, nichts berühren, keine Jagd, außer der mit der Kamera!
Paris hat seinen Eiffelturm, London die Towerbridge, New York die Freiheitsstatue. Curaçao hat bezeichnenderweise ein Wahrzeichen, das man unter der Wasseroberfläche findet: Das Tug-Boat (oder manchmal Tow Boat genannt). Auf kaum einem Prospekt fehlt es!

Tauchbasen

Peter Hughes Diving (beim Princess Beach Hotel), Dr. Martin Luther King Boulevard, Willemstad, Curaçao N. A., Tel.: (0 05 99) 9 / 65 89 91

Lions Dive Hotel und Marina, Bapor Kibra, Curaçao N. A., Tel.: 61 81 00

Eden Roc Diving Center, Holiday Beach Hotel, P. Euwensweg, Curaçao N. A., Tel.: 62 88 78

Hotels

Princess Beach Hotel, Dr. Martin Luther King Boulevard, Curaçao N. A.

Lions Dive Hotel, Bapor Kiba, Curaçao N. A.

Holiday Beach Hotel, P. Euwensweg, Curaçao, N. A

Veranstalter

Eden Roc Pflugweg 23, 58454 Witten, Tel.: 0 23 02 / 4 79 02, Fax: 4 88 24

Sport Touristik Plenz, Rheinstr. 51, 64283 Darmstadt, Tel.: 0 61 51 / 8 70 01, Fax: 8 70 12

Air Aqua, Rüttenscheider Str. 14, 45128 Essen, Tel.: 02 01 / 79 00 79, Fax: 78 07 50

RTI Reisen und Tauchen, Bernardstr. 73, 63067 Offenbach, Tel.: 0 69 / 82 35 35, Fax: 8 00 33 99

Bahamas

Diplomatische Vertretung in Europa

Botschaft der Bahamas, Bahama House
10, Chesterfield Street
London W1X 8AH
Tel.: (00 44) 171 / 4 08 44 88
Fax: (00 44) 171 / 4 99 99 37

Sämtliche Visa- und Paßformalitäten werden in Deutschland, der Schweiz und in Österreich auch von den jeweiligen britischen Vertretungen wahrgenommen.

Botschaften auf den Bahamas

Honorarkonsulat der Bundesrepublik Deutschland
c/o Colony Investment Ltd.
Horseshoe-Drive-Oaksfield
Nassau
Tel.: 3 22 / 80 32 u. 33

Übergeordnete Stelle
Botschaft der Bundesrepublik Deutschland
Kingston, Jamaika

Österreich
Zuständig ist die Österreichische Botschaft in Washington D. C.

Schweiz
Zuständig ist die Schweizerische Botschaft in Ottawa, Kanada

Touristeninfo

Bahamas Tourist Office
Mörfelder Landstr. 45 - 47
60598 Frankfurt/M
Tel.: 0 69 / 62 60 51
Fax: 0 69 / 62 73 11

Einreisebestimmungen

Grundsätzlich können Deutsche, Schweizer und Österreicher ohne Visum einreisen. Es genügt ein Reisepaß, der noch mindestens sechs Monate gültig ist. Allerdings wird die Einreise verweigert, wenn der Einreisende keine Rückreisedokumente (Rückflugticket) vorweisen kann. Der Reisende muß außerdem im Besitz ausreichender Geldmittel für den Aufenthalt sein. Achtung: Die Einreise wird ebenfalls verweigert, wenn der Einreisende über die USA zurückfliegen möchte und er kein gültiges USA-Visum (soweit erforderlich) nachweisen kann.
Der Aufenthalt auf den Bahamas kann bis zu drei Monate dauern, er berechtigt jedoch nicht zur Arbeitsaufnahme.

Impfbestimmungen

Impfungen sind keine vorgeschrieben. Wer aus Infektionsgebieten einreist, muß die entsprechende Impfung nachweisen. Einreisende aus Burkina Faso und Ghana müssen gegen Gelbfieber geimpft sein. Empfohlene Impfungen sind Hepatitis A, Tetanus und Polio.

Währung/Devisen

Offizielle Währung ist der Bahama Dollar (B$). 1,– DM entspricht 0,65 B$. Selbstverständlich werden auch überall US-Dollar akzeptiert, der Einfachheit halber rechnet man 1 B$ = 1 US-$.
Kreditkarten und Reiseschecks werden überall angenommen bzw. in Bargeld gewechselt.
Ausländer dürfen Fremdwährungen unbeschränkt ein- und ausführen. Die Einfuhr von B$ ist Ausländern nur nach Genehmigung gestattet. 70,– B$ dürfen ausgeführt werden.

Strom

Aus Flachsteckdosen fließt 110-Volt-Wechselstrom. Die Mitnahme von Adaptern und Trafos ist deshalb erforderlich. In den Luxushotels steht in der Regel eine Steckdose mit 220-Volt-Rundsteckdosen zur Verfügung.

Tauchen

Die bahamesischen Behörden haben den Wert der prächtigen Riffe früh erkannt und, ähnlich wie die Behörden Bonaires, drastische Tauchregeln erlassen. Unsinnigerweise ist aber das Speerfischen mit ABC-Ausrüstung erlaubt.
Besonderheit: In den Gewässern um New Providence wurden die Unterwasser-Szenen zweier James-Bond-Filme gedreht. Deshalb finden wir hier künstlich versenkte Wracks (»Never-say-never-again-Wrack«) und das »Thunderball Reef«.

Tauchbasen

Dive Abaco, c/o Conch Inn Marina, Abaco Town, Abaco, Bahamas
Tel.: (00 18 09) 3 67 / 27 87 Fax: 47 79

Brendal's Dive Shop, Green turtle Cay, Abaco, Bahamas, Tel.: 3 65 / 44 11

Dea Below Diving, Walker's Cay and Marina, Abaco, Bahamas, Tel.: 3 52 / 52 52

Small Hope Bay Lodge, Andros, Bahamas, Tel.: 3 68 / 20 13

Great Harbour Cay, Berry Island, Bahamas, Tel.: 3 43 / 72 56

Bimini Undersea Adventures, Bimini, Bahamas, Tel.: 3 47 / 30 89

Cat Island Dive Center im Hotel Greenwood Inn, Cat Island, Bahamas, Tel.: 3 42 / 30 53

Cat Island Sea Club, Fernandez Bay Village, Cat Island, Bahamas, Tel.: 4 74 / 48 21

Romora Dive Shop, Romora Bay Club, Harbour Island, Bahamas, Tel.: 3 33 / 23 23

South Eleuthera Divers, Eleuthera, Bahamas, Tel.: 3 34 / 40 83

Valentine´s Dive Centre, Valtentine´ s Yacht Club & Inn, Harbour Island, Bahamas, Tel.: 3 33 / 23 09

Eco Divers, Exuma Fantasea, Exuma, Bahamas, Tel.: 3 36 / 76 07

Stella Maris Diving, Stella Maris Hotel, Long Island, Bahamas, Tel.: 3 38 / 20 51

Guanahani Divers, c/o Riding Rock Inn Resort & Marina, San Salvador, Bahamas, Tel.: 3 31 / 26 31

UNEXSO, Grand Bahama, Bahamas, Tel.: 3 51 / 98 89

Hotels

Riding Rock Inn Resort & Marina, San Salvador, Bahamas

Stella Maris Hotel, Long Island, Bahamas

Exuma Fantasea, Exuma, Bahamas

Valtentine's Yacht Club & Inn, Harbour Island, Bahamas

Romora Bay Club, Harbour Island, Bahamas

Hotel Greenwood Inn, Cat Island, Bahamas

Walker´s Cay & Marina, Abaco, Bahamas

Conch Inn Marina, Abaco Town, Abaco, Bahamas

Chub Cay, P. O. Box 21766, Ft. Lauderdale, Florida 33335 (Buchungsadresse)

Andros Beach Hotel & Villas, P. O. Box 21766, Ft. Lauderdale, Florida 33335

Veranstalter

Nautilus Tours, Feilitzschstr. 24, D-80804 München, Tel.: 089/33 30 83, Fax: 39 99 30

Stella Maris Resort Club, Long Island, Bahamas, Tel.: (08 09) 3 38 / 20 51

Reisebüro Brück und Stephan, Tel.: 0 21 51 / 80 20 21, Fax: 80 20 22

Belize

Diplomatische Vertretungen in Europa

Belize High Commission
10, Harcourt House
19 A, Cavendish Square
London W 1 M 9AD
Tel.: (00 44) 71 / 4 99 97 28
Fax: (00 44) 71 / 4 91 41 39

In Deutschland
Honorarkonsulat von Belize
Postfach 1551
74305 Bietigheim-Bissingen
Tel.: 0 71 42 / 39 25
Fax: 0 71 42 / 3 32 25

In Österreich
Die Britische Botschaft, Wien, ist zuständig für Paß- und Visaangelegenheiten

In der Schweiz
Honorarkonsul von Belize
Case Postale 251, CH-1221 Geneve 17
Tel.: (00 41) 22 / 7 86 38 83
Fax: (00 41) 22 / 7 86 37 20

Deutsche Vertretung in Belize
Honorarkonsulat der Bundesrepublik Deutschland
123 Albert Street, Belize City
Tel.: (0 05 01) 2 / 7 33 43, Fax: 4 52 11

Übergeordnete Auslandsvertretung
Embassy of the Federal Rep. of Germany
10, Waterloo Road
Kingston 10, Jamaika
Tel.: (00 18 09) 9 26 56 65
Fax: 2 91 21 46

Touristische Vertretung

Belize Tourist Board
Bopserwaldstr. 40 G
70184 Stuttgart
Tel und Fax.: 07 11 / 23 39 47

In Belize
Belize Tourist Board
53 Regent Street
P. O. Box 325
Belize City

Einreisebestimmungen

Deutsche dürfen sich ohne Visum einen Monat lang in Belize aufhalten. Sie müssen bei der Einreise einen Paß vorlegen, der noch mindestens sechs Monate gültig sein muß. Darüber hinaus werden gültige Rückreisepapiere (Rückflugticket etc.) verlangt.

Impfbestimmungen

Bei der Einreise aus Europa sind keine Impfungen vorgeschrieben. Wer aus einem Infektionsgebiet einreist, muß die entsprechenden Impfungen vorweisen. Ausnahme: Transitreisende, Kinder sollten einen altersentsprechenden Impfschutz aufweisen.
Empfohlene Impfungen: Tetanus, Kinderlähmung, Hepatitis A und Typhus; Malariagefahr besteht in Belize ganzjährig, eine medikamentöse Prophylaxe ist deshalb mehr als empfehlenswert. Darüber hinaus gehört ein zuverlässiges Insektenschutzmittel ins Reisegepäck! Achtung: Malariaprophylaxe rechtzeitig vor der Reise beginnen!

Währung

Landeswährung ist der Belize Dollar (Bz$). Derzeitiger Umrechnungskurs: 1,– DM = 1,20 Bz$; 1,– US $ = 2,– Bz$.
Am unproblematischsten ist es, sich vor Antritt der Reise nach Belize US-Dollar-Reiseschecks zu besorgen. Diese werden von jeder Bank eingetauscht.
Kreditkarten und US-$ werden nur vereinzelt in den größeren Hotels oder von Autovermietern akzeptiert.
Bei der Ein- und Ausreise dürfen bis zu 100,– Bz$ mitgeführt werden.

Strom

Mal gibt die Steckdose 220 Volt, mal nur 110 Volt ab. Fragen Sie vorher die Hotelleitung. Adapter und Reise-Trafos gehören deshalb unbedingt ins Reisegepäck!

Tauchen

Von einigen Ausnahmen abgesehen, sind Belizes Tauchplätze erfahrenen Tauchern vorbehalten. Oft herrscht Strömung, manche Stellen sind recht tief.
Tauchen in Belize heißt, daß bei den vorgelagerten Inseln, am Lighthouse Reef, Glover Reef und bei Turneffe Island getaucht wird. Am bekanntesten und am spektakulärsten sind jedoch Tauchgänge im berühmten Blue Hole.

Tauchbasen

Glover Reef Resort,
Tel.: (0 05 01) 27 / 75 93

Lighthouse Reef Resort, Tel.: 31 14

Manta Reef Resort, Tel.: 34 20

Bottom Dive Time, Tel.: 26 / 23 48

Coral Beach Hotel & Diving,
Tel.: 26 / 20 13

Paradise Hotel , Triton Dive Shop,
Tel.: 26 / 20 71

Victoria House, Hotel & Diving,
Tel.: 26 / 20 67

Hotels

Alle oben genannten Tauchstationen befinden sich in Hotelanlagen. Informationen über das Hotel sind über die Tauchshops zu bekommen.

Veranstalter

Karibik Inside, Lockwitztalstr. 20,
01259 Dresden,
Tel. und Fax: 03 51 / 2 05 59 15

Oceanwide Expeditions,
An der Wae 44, 41372 Niederkrüchten,
Tel.: 0 21 63 / 98 38 11, Fax: 98 38 38

Travel Service, Burenstr. 17,
70435 Stuttgart,
Tel. und Fax: 07 11 / 82 28 09

Cayman Islands

Diplomatische Vertretungen

Die Cayman Islands unterhalten keine eigene Vertretung. Die Interessen werden von Großbritannien wahrgenommen.

Touristeninfo

Marketing Services International
Liebigstr. 8
60323 Frankfurt
Tel.: 0 69 / 72 63 42
Fax: 72 77 14

oder:

Cayman Islands, Dep. of. Tourism
Johanna-Melber-Weg 12
60599 Frankfurt
Tel.: 0 69 / 6 03 20 94
Fax: 62 92 64

Auf den Caymans
Department of Tourism
P. O. Box 67
George Town
Grand Cayman, B. W. I.
Fax: (00 18 09) 9 49 / 40 53

Einreise

Deutsche, Schweizer und Österreicher dürfen sich ohne Visum mit einem Reispaß, der nach der geplanten Aufenthaltsdauer noch einen Monat gültig sein muß, bis zu sechs Monate auf den Caymans aufhalten.
Grundsätzlich gilt bei der Einreise Visumzwang, wovon jedoch eine Reihe von Staaten befreit sind. Als in Deutschland lebender Ausländer sollten Sie deshalb rechtzeitig vor Reiseantritt im Reisebüro nachfragen! Das Visum kann beispielsweise beim Britischen Generalkonsulat in Düsseldorf eingeholt werden. Es ist mit etwa drei Wochen Bearbeitungszeit zu rechnen, das Visum zur einmaligen Einreise kostet derzeit knapp 50,– DM.

Achtung: Wer über die USA zurückreisen will, benötigt eventuell auch hierfür ein Einreisevisum. Dieses wird bereits bei der Einreise auf den Caymans verlangt, fehlt es, wird man nicht eingelassen!

Impfungen

Es sind keine Impfungen vorgeschrieben. Empfohlene Impfungen sind Hepatitis A, Tetanus und Polio. Individualreisenden wird zusätzlich eine Typhus-Impfung empfohlen.
Die Cayman-Inseln sind malariafrei, so daß eine Prophylaxe entfallen kann.

Währung/Devisen

Die Landeswährung ist der Cayman-Dollar (CI$). Es bestehen keine Beschränkungen, die Währung kann in beliebiger Höhe ein- und ausgeführt werden. 1,– DM entsprechen ungefähr 0,56 CI$.
Der US-Dollar wird überall als Zahlungsmittel akzeptiert. Problemlos ist auch die Einlösung von Dollar-Reiseschecks. In Hotels, Restaurants und Geschäften werden fast überall Kreditkarten akzeptiert.

Strom

Die amerikanischen Steckdosen liefern 110-Volt-Wechselspannung.

Tauchen

Die Riffe der Caymans liegen, obwohl meist Saumriffe, weit vor der Küste, die Anfahrt mit Booten ist – von wenigen Ausnahmen abgesehen – unumgänglich. Da die Insel vor allem von US-Amerikanern aufgesucht wird, gelten auch hier amerikanische Richtlinien. Sicherheit ist Trumpf! Dekotauchgänge sind ausgesprochen verpönt (und an vielen Stellen auch gar nicht nötig). Die Vorlage des Ausbildungsnachweises ist Pflicht.
Der wohl berühmteste Tauchplatz der Insel ist »Stingray City« vor Grand Cayman. Auf weißem Sandgrund halten sich hier in nur wenigen Metern Wassertiefe Dutzende von Rochen auf. So mancher Fotograf hat hier seine beeindruckendsten Rochen-Aufnahmen geschossen.

Tauchbasen

M. V. Cayman Diver II, ein Tauchschiff, das mehrtägige Tauchtörns unternimmt. Zu buchen bei:
Sea Travel, 680 Beach Street,
Suite 340/Wharfside,
San Francisco, CA 94109,
Tel.: (001) 9 / 2007

Bertmar Aqua Sports, P. O. Box 637,
Grand Cayman,
Tel.: (001809) 925 / 1492066

Bob Soto´s Diving Ltd., P. O. Box 1801,
Grand Cayman, Tel.: (001) 7 / 7444

Spanish Cove Dive Resort,
P. O. Box 800, Grand Cayman,
Tel.: (001) 9 / 5966

Buccaneer´s Inn, P. O. Box 68,
Cayman Brac, Tel.: (001) 8 / 7257

Tortuga Club Ltd., P. O. Box 496,
Grand Cayman, Tel.: (0 01) 7 / 75 51
Treasure Island Divers, P. O. Box 5577,
Miramar, Florida 33083,
Tel.: (00 13 05) 9 61 / 94 11

Hotels

Holiday Inn, P. O. Box, Grand Cayman,
Tel.: (0 01) 7 / 74 44

Ramada, P. O. Box 1817,
Grand Cayman

Apartmentanlage Lacovia, P. O. Box,
Grand Cayman

Veranstalter

Feria, Frankfurter Ring 243,
80343 München, Tel.: 0 89 / 3 23 79-0

Karibik Inside, Lockwitztalstr. 20,
01259 Dresden,
Tel. und Fax: 03 51 / 2 05 59 15

Honduras

Diplomatische Vertretung

Botschaft der Republik Honduras
Ubierstr. 1
53173 Bonn
Tel.: 02 28 / 35 63 94
Fax: 02 28 / 35 19 81

Honorarkonsulat von Honduras
Humboldtstr. 35
14193 Berlin
Tel. und Fax: 0 30 / 8 92 40 44

Honorarkonsulat von Honduras
Breitenweg 29-33
28195 Bremen
Tel. und Fax: 04 21 / 3 09 25 60

Honorarkonsulat von Honduras
Steinstraße 16-18
40212 Düsselorf
Tel.: 02 11 / 32 01 71
Fax: 02 11 / 32 86 04

Generalkonsulat von Honduras
An der Alster 21
20099 Hamburg
Tel.: 0 40 / 2 80 22 05
Fax: 0 40 / 24 64 70

Honorarkonsulat von Honduras
Blütenstr. 15
80799 München
Fax: 0 89 / 2 47 26 30

In der Schweiz
Honorargeneralkonsulat
von Honduras
Höschgasse 89
CH-8034 Zürich
Tel.: 01 / 3 83 43 41

Deutsche Vertretung in Honduras
Embajada/Consul Honorario de la
Republica Federal de Alemania
Edificio Paysan
Boulevard Morazan,
Tegucigalpa
Apartado Postal 3145
Tegucigalpa
D. C./Honduras
Tel.: (0 05 04) 32 31 61
Fax: (0 05 04) 32 95 18

Honorarkonsulat der Bundesrepublik Deutschland c/o Berkling Industrial S. A., 6 y 7 Avenida NO, Local No. 10, San Pedro Sula, Tel./Fax: (00504) 531244

Für Österreich
Zuständig ist die Botschaft in Mexico City. Zwar gibt es in Tegucigalpa und San Pedro Sula jeweils ein Honorarkonsulat, das jedoch über keine Paß- und Sichtvermerksbefugnis verfügt.

Für die Schweiz
Zuständig ist die Botschaft in Guatemala City.

Touristische Information

Instituto Hondureno de Turismo
Aoartado Postal 3261
Tegucigalpa, D. C. Honduras
Fax: (00504) 382102

Einreisebestimmungen

Deutsche Geschäftsreisende oder Touristen können ohne Visum einreisen, wenn der Reisepaß bei Einreise noch sechs Monate gültig ist. Aufenthaltsdauer bis 90 Tage, gegen eine geringe Gebühr ist eine Verlängerung möglich.
Alleinreisende Minderjährige müssen ein Dokument vorweisen, in dem beide Elternteile die Reise genehmigt haben. Reist der Minderjährige mit nur einem Elternteil, muß eine Erlaubnis des anderen schriftlich mitgeführt werden.
Achtung: In Honduras finden häufig Ausweiskontrollen statt. Der Paß muß deshalb ständig mitgeführt werden.
Bei der Einreise wird auch oft das Rückreiseticket kontrolliert bzw. das Weiterreiseticket und die Visa der Zielländer. Der Reisende muß über ausreichende Geldmittel verfügen.

Impfbestimmungen

Eine Impfung ist nicht vorgeschrieben. Empfohlen wird jedoch Hepatitis A, Tetanus, Kinderlähmung und Typhus.
Achtung: In Honduras besteht ganzjährig Malariagefahr! Eine ausreichende Prophylaxe ist deshalb ein Muß! Insektenschutzmittel nicht vergessen, dies ist die wichtigste Maßnahme zur Vermeidung von Malaria!

Währung/Devisen

Die Landeswährung heißt Lempira (L). Der Lempira kann in unbeschränkter Höhe ein- und ausgeführt werden. 1,– DM entspricht ca. 4,50 L (Stand Mitte 1996).
US-$ müssen bei der Einfuhr deklariert werden, da sonst bei der Ausreise Schwierigkeiten entstehen können. Es wird dringend empfohlen, nur US-$ in bar oder Dollar-Reiseschecks mitzuführen. DM-Reiseschecks werden nirgends akzeptiert oder umgetauscht. Kreditkarten werden nur selten akzeptiert, bestenfalls von den größten Hotels und Mietwagenvermittlern.

Strom

Geliefert wird 110-Volt-Spannung aus amerikanischen Steckdosen. Adapter und Trafos sind also ein Muß!

Tauchen

Honduras gehört zum Mittelamerikanischen Festland. Vorgelagert sind die sogenannten »Bay Islands«. Honduras, wie auch Belize, verbessert gerade seine touristische Infrastruktur, was auch den Tauchern zugute kommt.

Tauchbasen

Die verschiedenen Tauchbasen können alle über amerikanische Stellen erreicht werden. Allen Tauchbasen ist ein Hotel angegliedert.

Anthony´s Key Resort,
1385 Coral Way, Miami, FL 33145,
Tel.: (001) 305 858 34 83

Casas de la Playas Roatan,
Tino Menterosse, Tel.: 41 45 82 48 06

Cay Few Resort, Tel.: 71 35 58 25 96

Coco Few Resort, P. O.Box 877, San Antonio, FL 3 35 76, Tel.: 30 52 82 89 32

Fantasy Island Beach Resort, 304 Plant Av., Tampa, FL 33606, Tel.: 8 13 25 15 77 1 oder direkt 05 04 45 / 12 22

Reed´s Beach House, 6591 Lasley Shore Drive, Winnecone, WI 54986,
Tel.: 41 45 82 41 55

Reef House, P. O. Box 40331, San Antonio, TX 78229, Tel.: 51 26 81 2888

Plantation Beach Resort, 515 S. W. 1 Av., Ft. Lauderdale, FL 33301,
Tel.: 80 06 28 37 23

Bayman Bay Club, 11750 N. W. 19th St., Plantation, FL 33323,
Tel.: 80 05 24 18 23

Nautilus Dive Resort, Sandy Bay, Guanaja, Honduras, Tel.: (05 04) 45 41 35

Veranstalter

Karibik Inside, Lockwitztalstr. 20,
01259 Dresden,
Tel. und Fax: 03 51 / 2 05 59 15

Oceanwide Expeditions, An der Wae 44, 41372 Niederkrüchten
Tel.: 0 26 13 / 98 38 11
Fax: 0 26 13 / 98 38 38

Kuba

Diplomatische Vertretungen und Botschaften

Botschaft der Republik Kuba
Kennedyallee 22-24, 53175 Bonn
Tel.: 02 28 / 30 90, Fax: 02 28 / 30 92 44

Außenstelle Berlin
Kuckhoffstr. 69, 13156 Berlin
Tel.: 0 30/ 9 16 45 51, Fax: 0 30/ 9 16 45 53

Diplomatische Vertretung in Österreich

Botschaft der Republik Kuba
Himmelhofgasse 40 a-c
1130 Wien
Tel.: 01 / 8 77 21 59
Fax: 01 / 8 77 77 03

Diplomatische Vertretung in der Schweiz
Botschaft der Republik Kuba
Gesellschaftsstr. 8
3012 Bern
Fax: 031/3022111

Deutsche Vertretung auf Kuba
Embajada de la Republica Federal de Alemania
Calle b, No. 625 Esquina a 13 vedado
La Habana, Cuba
Tel.: (00537) 332569
Fax: 331586

Österreichische Vertretung auf Kuba
Embajada de la Republica Austria
Calle 4, No. 101,
entre 1ra y 3ra Avenida
La Habana, Cuba
Tel.: (00537) 332825
Fax: 331235

Vertretung der Schweiz
Embajada de la Confederatia Helvetica
5ta Avenida No. 2005,
entre 20 y 22,
La Habana 3,
Cuba
Tel.: (00537) 332611
Fax: 331148

Touristische Information

Cuba-Tour, Kubanisches Fremdenverkehrsamt
Steinweg 2
60313 Frankfurt
Tel.: 069/288322
Fax: 069/296664

Einreise

Anstelle eines Visums wird eine Touristenkarte verlangt. Die Einreiseformalitäten nach Kuba sind durchaus kompliziert und vielerlei Ausnahmen und Sonderregelungen unterworfen. Soviel sei gesagt: Wer ein Rückreiseticket, genügend Geld für den Aufenthalt und im voraus bezahlte Hotels vorweisen kann, der wird keine Einreiseschwierigkeiten bekommen. Wer Zweifel hat, erkundigt sich vorher bei der jeweiligen Vertretung des Landes.

Impfungen

Bei der Einreise von Europa werden keine Impfungen verlangt. Empfohlene Impfungen sind Tetanus, Kinderlähmung, Hepatitis A, evtl. Typhus.
Kuba ist malariafrei. Ausländer, die sich drei Monate oder länger aufhalten möchten, müssen HIV-negativ sein und dies nachweisen.

Währung/Devisen

Noten und Münzen Kubas dürfen bei der Einreise nicht mitgebracht werden – müssig, denn die Landeswährung, der Kubanische Peso, ist im Ausland gar nicht erhältlich.
Ausländische Währungen dürfen unbeschränkt eingeführt werden, jedoch ist eine Anmeldung bei der Einreise erforderlich. Die Höhe des Ausfuhrbetrages richtet sich nach der Deklaration bei der Einreise.
Achtung: Reiseschecks, von amerikanischen Banken ausgestellt, werden oft

nicht akzeptiert. Der Umtausch von Devisen erfolgt in sogenannte »Devisenzertifikate«. Andererseits akzeptieren Hotels und Autovermietungen Kreditkarten. Euroschecks werden nirgends angenommen! Die beste Möglichkeit cash zu bezahlen ist der US-Dollar.

Strom

Die staatlichen Elektrizitätswerke liefern eine 110-Volt-Spannung. Da das Handelsembargo jedoch noch voll durchgreift, sind keine einheitlichen Steckdosen vorhanden. Adapter jeder Art sollten mitgebracht werden.

Tauchen

Die guten Tauchplätze liegen fast ausschließlich im Südwesten der Insel. Die Isla de la Juventud, Insel der Jugend, ist für uns Anlaufstelle Nr. 1. Am touristischen Aufschwung Kubas, das in den letzten Jahren die höchsten Zuwachsraten im gesamten karibischen Raum zu verzeichnen hatte, sind auch die Taucher beteiligt.

Tauchbasen

Hotel Colony, Isla de la Juventud, Cuba

Isla de la Sur Resort, Cayo Largo del Sur, Cuba, Tel.: (05 37) 21 04 07

Playa Sirena, Isla de la Sur,
Cayo Largo del Sur, Cuba

Cayo Levisa, Cayo Levisa, Cuba

Hotels

Die Tauchbasen befinden sich in gleichnamigen Hotels. Buchungen sollten wegen der Einreiseformalitäten pauschal (Flug,Unterkunft, Verpflegung, Tauchen) vorgenommen werden.

Veranstalter

Nautilus Tours, Feilitzschstr. 24,
80802 München,
Tel.: 0 89 / 33 30 83, Fax: 39 99 39

Nautico Sportreisen GmbH,
Wandsbeker Königstr. 11,
22041 Hamburg,
Tel.: 0 40 / 6 82 81 10,
Fax: 0 40 / 68 28 11 99

RTI, Bernardstr. 73, 63067 Offenbach,
Tel.: 0 69 / 82 35 35, Fax: 8 00 33 99

Action Sport, Gögglstr. 22, 80997
München, Tel. u. Fax: 0 89 / 1 49 28 83

Mexiko

Diplomatische Vertretungen in Europa

In Deutschland befinden sich gleich mehrere Vertretungen Mexikos:

Mexikanische Botschaft
Adenauerallee 100
53113 Bonn
Tel.: 02 28 / 91 48 60
Fax: 02 28 / 9 14 86 19

Generalkonsulat von Mexiko
Kurfürstendamm 72
10711 Berlin
Tel.: 0 30 / 3 24 90 47
Fax: 0 30 / 3 24 98 43

Generalkonsulat von Mexiko
Präsident-Kennedy-Platz 1
28203 Bremen
Tel.: 04 21 / 32 49 46
Fax: 04 21 / 2 67 82 37

Generalkonsulat von Mexiko
Hochstr. 35-37
60313 Frankfurt
Tel.: 0 69 / 2 86 31
Fax: 0 69 / 2 86 44

Generalkonsulat von Mexiko
Hallerstr. 72 / II
20146 Hamburg
Tel.: 0 40 / 4 50 15 80
Fax: 0 40 / 45 01 58 20

Honorarkonsulat von Mexiko
Kramerstr. 10,
30159 Hannover
Tel.: 05 11 / 32 81 88

In Österreich
Mexikanisches Konsulat
Türkenstr. 15
10990 Wien
Tel.: 01 / 3 10 73 83
Fax: 01 / 3 10 73 87

In der Schweiz
Botschaft von Mexiko
Berner Str. 57
3005 Bern
Tel.: 0 31 / 3 51 18 75
Fax: 0 31 / 3 51 34 92

Honorarkonsulat von Mexiko
Münsterberg 1
4001 Basel
Tel. und Fax: 0 61 / 2 71 38 08

Honorarkonsulat von Mexiko
Schwanenplatz 1
6002 Luzern
Tel.: 0 41 / 4 18 54 19

Honorarkonsulat von Mexiko
Route de Suisse 9
1295 Mies
Tel.: 0 22 / 7 79 02 57
Fax: 0 22 / 7 79 15 04

Honorarkonsulat von Mexiko
Kirchgasse 38
8024 Zürich
Tel. und Fax: 01 / 2 51 04 62

Vertretungen Deutschlands in Mexiko

Botschaft der Bundesrepublik
Deutschland, Calle Lord Byron 737,
11560 Mexico City,
Tel.: (0 05 25) 2 80 54 09,
Fax: (0 05 25) 2 81 25 88

Honorarkonsulat der
Bundesrepublik Deutschland
Anton de Alaminos 26
39850 Acapulco
Tel.: (0 05 27 48) 4 18 60

Honorarkonsulat der
Bundesrepublik Deutschland
Punta Conoca 36
77500 Cancun
Tel.: (0 05 29 88) 4 15 98
Fax: 4 53 74

Vertretung von Österreich

Österreichische Botschaft
Sierra Tarahumara 420
11000 Mexico City
Tel.: (00525) 2519792
Fax: 2450198

Vertretung der Schweiz

Schweizerische Botschaft
Torre Optima
11, St. Avenida Paseo de las Palmas
11000 Mexico City
Tel.: (0525) 5203003
Fax: 5208685

Touristeninformation

Staatliches Mexikanisches
Fremdenverkehrsamt
Wiesenhüttenplatz 26
60329 Frankfurt
Tel.: 069/253413
Fax: 253755

(Ebenfalls zuständig für Österreich, die Schweiz, Niederlande sowie Luxemburg)

Einreise

Deutsche mit einem noch mindestens sechs Monate gültigen Reisepaß können ohne Visum einreisen. Eine Aufenthaltsdauer von maximal 90 Tagen ist erlaubt. Achtung: Kinder benötigen zwar nur einen Kinderausweis, da trotzdem Schwierigkeiten bei der Einreise auftreten können, empfehlen wir auch für Kinder einen Reisepaß.

Impfungen

Bei der Einreise direkt aus Europa sind keine Impfungen vorgeschrieben. Nur wer aus Infektionsgebieten einreist, muß entsprechende Nachweise erbringen. Kinder unter sechs Monaten und Transitreisende, die das Flughafengebäude nicht verlassen, sind hiervon ausgenommen.
Empfohlene Impfungen: Tetanus, Polio zusammen mit Diphterie, Typhus und Hepatitis A. Wer die Touristenorte verläßt, sollte außerdem rechtzeitig für eine Malariaprophylaxe sorgen. Insektenschutzmittel und Moskitonetz sind die beste Vorbeugung.

Währung/Devisen

Landeswährung ist der Mexikanische Nuevo Peso. Sein Kürzel ähnelt dem des Dollar, $. Manchmal wird er auch M. N. für Moneda Nacional, abgekürzt. Derzeit entspricht 1,– DM ca. 4,– $.
Ausländische Währung darf unbeschränkt ein- und ausgeführt werden. Manche Geschäfte nehmen US-$ oder Kreditkarten, worauf auch Barauszahlungen möglich sind. Dazu benötigen Sie in jedem Fall Ihren Paß.
Achtung: Gängige Reiseführer raten wegen der Unzuverlässigkeit der mexikanischen Banken von bargeldlosem Transfer ab!

Strom

In den Touristenhotels wird sowohl 110- als auch 220-Volt-Spannung aus verschiedenen Steckdosen angeboten.

Tauchen

Tauchen in Mexiko, das bedeutet vor allem Tauchen vor der Halbinsel Yucatan. Die beiden Taucherparadiese heißen Cancun und Cozumel. Daneben kommen in Mexiko vor allem kultur- und naturinteressierte Reisende auf ihre Kosten.

Tauchbasen

Aqua Tours, Kukulcan , P. O. Box 528,
Cancun, Mexico

Marina Aqua Ray, Blvd. Kukulcan,
Hotel Zone, Cancun

Nautilus Diving,
c/o Marina del Hotel Caribbean Suites,
Galeon D 9,
Hotel Zone, Cancun

Solo Buceo, P. O. Box 621,
Cancun

Dolphin Diving, P. O. Box 25,
Isla Mujeres, Mexico

Mexico Divers, P. O. Box 87,
Isla Mujeres, Mexico

Aqua Safari, San Miguel,
Cozumel, Mexico

Blue Angel, c/o Villa Blanca,
Cozumel, Mexico

Dive Cozumel, c/o Diver´s Inn,
Cozumel, Mexico

Fantasia Divers, c/o Galapago Inn,
Cozumel, Mexico

Veranstalter

Air Aqua Reisen
Rüttenscheider Str. 14
45128 Essen
Tel.: 0201 / 790079
Fax: 0201 / 780750

Karibik Inside
Lockwitztalstr. 20
01259 Dresden
Tel. und Fax: 0351 / 205915

RTI
Bernardstr, 73
63067 Offenbach

Weiterführende Literatur

Bestimmungsliteratur

Allen, G.: Falter und Kaiserfische, Bd. 2., Mergus Verlag, Melle, 1979.

Böhlke, J.; Chaplin, C.: Fishes of the Bahamas and adjacent tropical waters, Livingston, 1968.

Colin, P.: Caribbean reef invertebrates and plants. A field guide to the invertebrates and plants occuring on coral reefs of the Carribean, the Bahamas and Florida. T. F. H. Publications, 1978.

Humberg, B.: Unterwasserführer Karibik. Niedere Tiere. Delius Klasing, Stuttgart, 1995.

Lachmann, P.; Gremblewski-Strate, O.: Fische der Karibik. Bestimmungsbuch für Taucher und Schnorchler. BLV, München, 1995.

Mietz, C.; Ippen, W.: Tropische Meeresfische. Ein Bestimmungsbuch für Taucher und Schnorchler. Naturbuch Verlag, Augsburg 1993.

Wirtz, P.; Nahke, P.: Unterwasserführer Karibik: Fische. Naglschmid, Stuttgart, 1992.

Allgemeines

Aabe, A.; Helm, R.: Aruba - Reisehandbuch zur Karibik-Insel. Unterwegsverlag, 1995.

Lachner, R.: Inseln der Karibik. Landschaft und Tiere. Landbuch, 1987

Mioulane, P.; Sahuquet, R.: Tauchparadies Karibik. Die 80 schönsten Tauchplätze. BLV, 1992.

Schuhmacher, Helmut: Korallenriffe. BLV-Verlag, München, 1988.

Shukman, H.: Inseln über dem Wind. Die Karibik zwischen Siesta und Fiesta. Rowohlt, 1994.

Zingerling, C.; Ponca, Y.: Karibik. Originalrezepte und Interessantes über Land und Leute. Gräfe & Unzer, München, 1996.

Geschichte und Politik

Coe, M.: Das Geheimnis der Maya-Schrift. Ein Code wird entschlüsselt. C. H. Beck, 1995.

Handbuch der Dritten Welt. Band 3: Mittelamerika und Karibik. Dietz, 1995.

Gewecke, F.: Die Karibik. Zur Geschichte, Politik und Kultur einer Region. Vervuert, 1988.

Riese, B.: Die Maya. Geschichte, Kultur, Religion. C. H. Beck, 1995.

Wilde, Thomas: Cuba-Handbuch. Die andere Seite der Karibik. Unterwegsverlag, 1994.

Bildnachweis

Archiv Scubapro:
Seite 32, 35, 36, 37, 38, 39, 40, 41

Gabriele Curschmann:
Seite 11 oben, 17, 18, 23, 26 rechts, 27, 30 unten, 33, 115, 116, 117

W. Funke:
Seite 167, 173, 174

Harry Müller:
Seite 106, 107, 108

Paul Munzinger:
Seite 2, 9, 11 unten, 13, 14, 15, 16, 19, 21, 22, 25, 26 links, 28, 29, 30 oben, 31, 42, 44, 45, 46, 47, 48, 51, 52, 54, 55, 58, 60, 61, 62, 63, 64, 65, 67, 68, 69, 70, 71, 73, 74, 75, 76, 77, 78, 79, 80, 81, 82, 83, 98, 85, 86, 87 oben und unten links, 88, 89, 90, 91, 92, 93, 94, 95, 96, 97, 99, 100, 101, 102, 103, 104, 109, 110, 111, 112, 114, 118, 119, 120, 122, 123, 124, 125, 126, 127, 128, 129, 130, 131, 132, 133, 134, 135, 137 unten, 144, 145, 146, 147, 148, 149, 150, 151, 153, 154, 155, 156, 157, 158, 160, 161, 163, 164, 165, 168, 169, 171, 172, 175, 176

J. Rüd:
Seite 12, 57, 87 unten rechts, 137 oben, 138, 139, 141, 142

Register

H

J

K

O

P

R

S

T

U

V

W

Y

Z

Weitere Tauchreiseführer aus dem Naturbuch Verlag

Malaysias Korallenriffe gelten unter Tauchern als Geheimtip. Dieser ideale Reisebegleiter für naturinteressierte Taucher bietet:

- Die besten Tauchgebiete im Detail;
- Die häufigsten Tiere der Unterwasserwelt Malaysias;
- Beschreibungen von Pflanzen und Tieren des Landes;
- Eine Einführung in Geschichte, Religion und Kultur Malaysias.
- 200 Seiten, 250 Farbfotos, Karten, Skizzen und ein Infoteil mit wichtigen Adressen.
- ISBN 3-89440-139-7

Thailands Küsten und Korallenriffe zählen zu den beliebtesten Tauchregionen der Welt. Dieses Buch bietet Ihnen:

- Bekannte und neu entdeckte Tauchreviere;
- Die häufigsten Tiere der Unterwasserwelt Thailands;
- Beschreibungen von Pflanzen und Tieren des Landes;
- Eine Einführung in Geschichte, Religion und Kultur Thailands.
- 224 Seiten, 250 Farbfotos, Karten, Infoteil mit Adressen und einem speziellen Thai-Sprachführer
- ISBN 3-89440-138-9

Weitere Tauchreiseführer aus dem Naturbuch Verlag

Ein Buch, auf das Taucher schon lange gewartet haben: Die schönsten Tauchplätze in ganz Deutschland

- Informationen zum Tauchen in unseren Gewässern mit Tauchbasen, Füllstationen, Genehmigungen;
- Ausgewählte Tauchplätze mit Karten und Besonderheiten;
- Natur über und unter Wasser mit Beschreibungen von seltenen Pflanzen und Tieren;
- Adressen, Tips und Wissenswertes.
- 300 Seiten, 300 Farbfotos, Detailkarten
- ISBN 3-89440-167-2

Topaktuell: dieser Band über das Rote Meer mit seiner faszinierenden Tier- und Pflanzenwelt und seinen weltberühmten Korallenriffen.

- Die interessantesten Tauchgebiete im Überblick;
- Aktuelles Kartenmaterial und wichtige Reiseinformationen;
- Ein Helfer bei der Bestimmung von Tier- und Pflanzenarten;
- Ausgestattet mit faszinierenden Farbbildern.
- 220 Seiten, 200 Farbfotos und Karten, Infoteil mit wichtigen Adressen
- ISBN 3-89440-183-4